Karl Kardinal Lehmann

Frei vor Gott

Karl Kardinal Lehmann

Frei vor Gott

Glauben in öffentlicher Verantwortung

HERDER

FREIBURG · BASEL · WIEN

Den ehren- und hauptamtlich tätigen
Schwestern und Brüdern
in den Gemeinden und Gemeinschaften
zum Dank für ein gutes Zusammenwirken.

www.herder.de

Druck und Bindung: fgb · freiburger graphische betriebe
www.fgb.de

Gedruckt auf umweltfreundlichem,
chlor- und säurefrei gebleichtem Papier
Printed in Germany

ISBN 3-451-28252-6

INHALTSVERZEICHNIS

EINFÜHRUNG

Die einundzwanzig Texte dieses Bandes verdanken sich vielen Anstößen. Manchmal sind es *grundlegende Fragen des Glaubens und des christlichen Lebens*, die nach Orientierung verlangen: Wie können wir heute in der Vielzahl und Widersprüchlichkeit von Weltanschauungen und Meinungen zu einer Treue im Glauben finden, die dem Leben Standfestigkeit verleiht? Wie können wir als Christen, und zwar nicht nur diejenigen, die haupt- und ehrenamtliche Aufgaben erfüllen, heute in Wort und Tat auch öffentlich Zeugnis ablegen in dem »Freimut«, von dem der heilige Paulus spricht? Zu diesen Glaubensfragen gehört elementar auch die Einsicht und das Bemühen um *menschliche Vorerfahrungen*, ohne die man schwerlich zum Glauben kommen kann: zum Beispiel die Frage nach dem rechtem Maß in unserem Weltverhältnis, nach Einübung in Verzicht gerade angesichts der Konsumverführung unserer Warenwelt, nicht im Sinne einer Art von Weltverachtung, sondern im Sinne der biblischen Aufgabe, die Erde in einer tiefen Weise zu lieben, gerade, weil man um ihre und die eigene Vorläufigkeit weiß. Zu solchen für den Glauben wichtigen Erfahrungen gehört auch das Übernehmen von Verantwortung, das Bekenntnis von Schuld und der Wille zur Umkehr: Wo im gesellschaftlichen Räderwerk viele Lebensabläufe »namenlos« bleiben, ist die Annahme von Schuld und Verantwortung zugleich ein Bekenntnis des Menschen zu seiner Würde, seinem Gewissen, seiner Freiheit. Vergessene oder gefährdete Wahrheiten des Glaubens und des Lebens werden behandelt, die in ihrer Bedeutung den Menschen wieder näher gebracht werden sollen, nicht selten auch durch die Schaffung neuer Zugänge.

In diesen Texten geht es auch um Fragen der *Gestaltung des gesellschaftlichen und politischen Lebens*, wobei hier selbstverständlich ethische Fragen im Vordergrund stehen. Der Einsatz des Christen ist in allen Bereichen der Gestaltung der Gesellschaft in ganz besonderer

Weise herausgefordert. Als Dienst am Ganzen kann dieser Einsatz selbst ein Glaubenszeugnis sein, dessen man sich nicht durch den Rückzug in die Privatsphäre entledigen darf. Das Eintreten für die Wahrheit des Glaubens und für unverrückbare letzte Maßstäbe gilt es deutlich zu machen als einen Dienst, der Freiheit nicht zerstört, sondern schützen will.

Alle Texte dieses Buches sind »Hirtenbriefe«. Im Zusammenhang der zwanzigsten Wiederkehr meiner Ernennung und Weihe zum Bischof von Mainz habe ich meinen »Antrittshirtenbrief« und die zwanzig Hirtenbriefe aus diesen beiden Jahrzehnten gesammelt. Die verschiedenen Formen von Hirtenbriefen sind stark von den Themen und Gelegenheiten her bestimmt, zu denen sie geschrieben werden. Gewiss kann man aber Hirtenbriefe unterscheiden, die vorwiegend religiös und pastoral orientiert sind, bei denen mehr die Situation der Kirche im Allgemeinen und der Gemeinden im Besonderen im Vordergrund steht, und solche, die mehr Positionsbestimmungen zu ethischen und gesellschaftspolitischen Fragen sein wollen.

Hirtenbriefe gehören zum Ensemble der Verkündigung des Bischofs oder auch der Bischofskonferenzen. Sie stehen in der Tradition der Briefe der Apostel und ihrer Schüler an die Gemeinden. In der nachapostolischen Zeit haben diese Rundschreiben ihre Bedeutung behalten. Der heilige Karl Borromäus hat, wie in vielen anderen Bereichen, nach der Reform durch das Konzil von Trient die Tradition der Hirtenbriefe erneuert. Sie haben in den Ländern deutscher Sprache seit dem 18. Jahrhundert zunehmend an Bedeutung gewonnen. Dies gilt besonders in der heute am meisten bevorzugten Form, nämlich als Hirtenbrief zur österlichen Bußzeit (»Fastenhirtenbrief«). Aber auch bei anderen Gelegenheiten, besonders wenn es um fundamentale Herausforderungen in Gesellschaft und Kirche geht, greift ein Bischof gerne zu dieser Verlautbarungsform, um die Schwestern und Brüder im Glauben gemeinsam anzusprechen.

Auch wenn der Ursprung und die Zielbestimmung der Hirtenbriefe gemeinsam sind, so gibt es doch kein vorgegebenes Muster. Hirtenbriefe tragen darum in der Regel die Handschrift ihrer bischöflichen Verfasser. Dies gilt für die Themen, aber auch den Aufbau und den Stil dieser Schreiben an die Gemeinden.

Die einundzwanzig Hirtenbriefe dieses Buches wurden auf Versehen und auch in sprachlicher Hinsicht nochmals durchgesehen, sollten jedoch im Grunde ihre Originalfassung behalten. Die schriftliche Fassung der Hirtenbriefe war vom Umfang her oft länger als die an der Stelle der Predigt in den Gemeinden verlesenen Textauszüge. Auch außerhalb der für die Verlesung des Hirtenbriefes vorgesehenen Gottesdienste wurde – auch in anderen Bistümern – mit diesen Texten intensiv gearbeitet, zum Beispiel in Schulen, in der Erwachsenenbildung und an anderen Stellen. Es gab auch zahlreiche (Teil-)Abdrucke und eine Reihe von Übersetzungen in andere Sprachen.

Es ist mir von verschiedener Seite immer wieder der Vorschlag gemacht worden, die Hirtenbriefe der vergangenen zwei Jahrzehnte gesammelt zu veröffentlichen. Bei der Vorbereitung zu dieser Drucklegung war mir besonders wichtig die Mitarbeit meiner Persönlichen Referentin, Frau Beate Hirt, und von Herrn Lektor Dr. Ulrich Sander vom Verlag Herder; ihm verdankt der Leser auch die Register. Beiden sage ich einen herzlichen Dank.

Das kleine Buch, das so entstanden ist, widme ich dankbar allen Frauen und Männern für ihren ehren- und hauptamtlichen Dienst in den Gemeinden und Gemeinschaften. Ich bin nicht enttäuscht worden (vgl. S. 20).

Mainz, den 15. Juli 2003

Karl Kardinal Lehmann
Bischof von Mainz

AUFTAKT

1 | FRIEDEN

»Der Friede sei mit euch!«

DAS ERSTE HIRTENWORT ALS BISCHOF VON MAINZ (1983)

Liebe Schwestern und Brüder im Herrn!
Als neuer Bischof unserer Diözese möchte ich Ihnen allen ein erstes Wort des Grußes und des Segens übermitteln. Ich möchte dies tun mit dem Ruf: »Der Friede sei mit euch«, durch den der Bischof nach alter Überlieferung die versammelte Gemeinde grüßt. Ihnen allen wünsche ich für alle Lebenssituationen den Frieden Gottes, den Kranken und Gesunden, den Einsamen und den Schaffenden, den Jungen und Alten, den einheimischen Bürgern und unseren ausländischen Nachbarn.

»Der Friede sei mit euch«: Das ist ein Wort des auferstandenen Herrn am Abend des Ostertages (Joh 20,19). Jesus Christus spricht es zu der von Ängsten und Zweifeln zerrissenen Schar seiner Jünger. Dies gilt heute nicht viel anders als damals. Die Jünger, die sich aus Furcht wie in einem selbst gewählten Gefängnis einschließen und orientierungslos dahintreiben, sind ein Bild für das Elend des Menschen. Wir sind in uns selbst und in unsere Bedürfnisse verstrickt. Wir kreisen um uns selbst und steigern so nur noch unsere Vereinsamung, unsere Eigenbrötelei und so auch Angst und sogar Neid gegenüber dem Nächsten. Im größeren Maßstab führt dies zu Hass, Zerstörung und Krieg. Kein Wunder, dass auch der Sinn für Gott und das Gebet oft abgestorben ist. Wenn Jesus mit dem Friedensgruß auf uns zugeht, will er die Ferne von Gott und die egoistische Abkapselung überwinden und zuerst einen neuen Raum des Vertrauens und der Geborgenheit schaffen. Der Gruß »Der Friede sei mit euch« ist nicht ein frommer Wunsch, vielmehr teilt er uns selbst die von ihm verheißene neue Wirklichkeit mit. Wir müssen uns nur auf ihn einlassen. Dies geschieht, indem wir auf Jesu Wort hören und von ihm her die Maßstäbe unseres Lebens radikal umkehren lassen: Vertrauen statt Zweifel, Freundlichkeit statt Abneigung, Einsatz füreinander statt Verachtung des anderen. Ohne eine solche ständige Selbstkorrektur gibt es keinen wahren Glauben. Auch das »Evangelium des Friedens« lebt von solcher Umkehr.

Dieser Frieden Gottes will Wirklichkeit werden in den alltäglichen Beziehungen unter den Menschen. Er fängt schon an, wenn wir uns aufrichtig grüßen, offen in die Augen schauen können, aufeinander zugehen, wieder miteinander reden und uns gegenseitig vergeben. Er wird lebendig, wo wir verlässlich sind, wo wir gute Freunde und treue Eheleute, hilfsbereite Nachbarn und aufmerksame Nächsten sind. So breitet sich der Friede Gottes zuerst aus im eigenen Haus und in unseren nächsten Lebenskreisen.

Der Friedensgruß Gottes ist jedoch nicht bloß eine verkappte Formel für die Parole »Seid nett zueinander«, die natürlich nicht zu verachten ist. Der Frieden Gottes ist nicht selbstverständlich und keineswegs harmlos. Er kann nur von dem empfangen und weitergegeben werden, der Gott vertraut, sein Leben nicht selbst sichert und Jesus Christus im Glauben nachfolgt. Wem Gott die Wirklichkeit des Lebens ist, der hat keine letzte Angst um sich selbst. Umso mehr kann der Glaubende sich dem Nächsten zuwenden. Der Friedensgruß richtet sich zunächst auf den Einzelnen, der seinem Leben eine neue Wende geben muss. Auch der Weg zum Frieden beginnt vor der eigenen Haustür. Aber er zielt auf die Gemeinde des Herrn im Ganzen: Sie soll ein auserwählter Ort der Menschlichkeit und Brüderlichkeit werden. In ihr soll beispielhaft ein einträchtiges Leben im Geiste Jesu Christi verwirklicht werden. Die Gemeinde bedarf dazu immer wieder neu der Sammlung und Reinigung: Menschen von verschiedener Herkunft und Bildung, Klasse und Sprache sollen sich im Geist zur lebendigen Einheit finden, ohne dass ihre reiche Vielfalt erdrückt wird. Einen solchen Frieden Gottes darf man nicht mit Friedhofsruhe verwechseln. Auseinandersetzungen und Konflikte bleiben uns nie erspart, aber sie müssen von Christen im Geist der Friedfertigkeit ausgetragen werden. Der andere, auch wenn er ein Gegner meiner Ansichten ist, darf seinen Anteil an Einsicht und Wahrheit in das Ganze einbringen. Dies wird nur möglich sein, wenn wir nach dem Beispiel Jesu Christi einander dienen, verzichten und wahrhaft lieben lernen. Jesus hat sein eigenes Leben in die Waagschale geworfen und sich schon vor seinem Tod von innen her für seinen Vater und die Menschen hingegeben. Die Überwindung der eigenen nackten Interessen und das Teilen der Lebenschancen ist der Preis des Friedens.

Über den hohen Einsatz der Einzelnen und das Raumgewinnen des Friedens Gottes in der christlichen Gemeinde kann auch unser öffentliches Leben beeinflusst werden. Die Friedensbotschaft macht davor nicht halt. Der Friedensgruß zielt auf die ganze Welt und auf eine neue Lebenspraxis als Alternative zu unserem gängigen Verhalten. Gewalttat und Krieg können so zwar nicht schlechthin verhindert werden, wie die lange Geschichte der kirchlichen Bemühungen um mehr Frieden bitter lehrt, aber sie können gemindert und gemildert werden. Dazu gehören freilich viele begleitende Maßnahmen: Hunger und Not vieler bedrängter Menschen müssen gelindert und die Freiheitsrechte vieler geknechteter Menschen aufgerichtet werden. Die selbst oft so zerstrittenen Christen müssen immer mehr zueinander finden. Im Übrigen gibt es unter unseren irdischen Bedingungen keinen Frieden ohne Mut zur Auseinandersetzung mit den Kräften des Bösen. Auch hier gilt die Mahnung des heiligen Paulus, der ich mein Leitwort entnommen habe: »Seid wachsam, steht fest im Glauben, seid mutig, seid stark! Alles, war ihr tut, geschehe in Liebe« (1 Kor 16,13). Einen ganz ungetrübten Frieden gibt es nur in Gottes Seligkeit selbst.

Ich wollte nur den alten Gruß des Bischofs »Der Friede sei mit euch« etwas durchbuchstabieren. Ich habe keine andere Aufgabe, als mit allen Priestern, Diakonen und Mitarbeitern sowie Mitarbeiterinnen im pastoralen und caritativen Dienst diese Botschaft jeden Tag neu zu verkünden. Die Kirche sorgt sich ungeachtet ihrer eigenen Sündigkeit immer und überall um den Frieden. Mit ihren Wurzeln im jüdischen Glauben ist sie die älteste Friedensbewegung der Welt und begleitet unaufhörlich das Leben der Menschen. Als Gabe des Herrn ist der Frieden freilich mehr, als wir durch unser Bemühen allein hervorbringen können. Darum betet die Kirche täglich in ihrer Eucharistiefeier vom Anfang bis zum Ende immer wieder um das Geschenk von Einheit und Eintracht.

Lassen Sie mich diesen ersten Gruß mit einem Wort des Dankes schließen. Meinem hochverehrten Vorgänger, Hermann Kardinal Volk, danke ich von Herzen im Namen von Ihnen allen für seinen unermüdlichen Dienst, den er in schwerer Zeit und mit dem Einsatz seiner reichen Gaben und Kräfte über zwanzig Jahre lang für uns alle geleistet hat. Hoffentlich darf er noch lange und rüstig dem Bistum zur Verfügung stehen, für uns alle ein geistlicher Vater und mir ein weiser Ratgeber. Herrn Weihbischof Wolfgang Rolly danke ich ebenfalls im Namen des ganzen Bistums, dass er das Amt des Kapitularvikars (heute: Diözesanadministrator) von der Verabschiedung Kardinal Volks bis zu meiner Amtseinführung so tatkräftig und einsatzfreudig, selbstlos und freundlich ausgeübt hat. Mein eigener Dank gilt dem großen Vertrauen und der ermutigenden Herzlichkeit, mit denen Sie mich seit dem Tag meiner Ernennung am 23. Juni und besonders bei der Bischofsweihe am 2.Oktober empfangen und begrüßt haben.

Einen letzten Dank möchte ich den Mitgliedern der Pfarrgemeinde- und Verwaltungsräte sagen, deren Amtszeit Ende dieses Jahres ablaufen wird. Ihre Arbeit ist ein bleibend wichtiger Beitrag für das immer größere Lebendigwerden unserer Gemeinden. Die ehrenamtlichen Dienste und all das, was Sie aus Ihrer menschlichen, beruflichen und christlichen Erfahrung einbringen, sind unentbehrlich für die heutige Gemeinde. Ich würde mich mit den Brüdern im priesterlichen Amt sehr freuen, wenn viele ihren bisherigen Dienst fortsetzen könnten und neue Mitglieder, die alle Schichten und Gruppen einer Gemeinde vertreten sollen, sich zur Mitarbeit entschließen könnten. Dazu sage ich jetzt schon meinen Dank. Alle Glieder der einzelnen Gemeinden sollten am 6. November diese Bereitschaft durch eine rege Wahlbeteiligung belohnen.

Nach meinem Einzug in das Bischofshaus und der großen Feier des

Glaubens am 2. Oktober beginnt nun der Alltag des neuen Bischofs. Vielen von Ihnen werde ich in den nächsten Wochen und Monaten persönlich begegnen dürfen. Bleiben Sie alle mit mir in der Treue zum gemeinsamen Glauben und durch die Fürsprache des Gebets verbunden, wie auch ich täglich das ganze Bistum stets vor Augen haben werde.

Der erste Gruß soll als Segen zu Ihnen kommen und bleiben:
Es segne euch mit allen Gaben des Himmels und der Erde
der allmächtige Gott,
der Vater und der Sohn und der Heilige Geist.
Amen.

Mainz, am 5. Oktober 1983

CHRISTLICHE GRUNDHALTUNGEN

2 | MASS

Vom Maßhalten und vom Verzicht

HIRTENBRIEF ZUR ÖSTERLICHEN BUSSZEIT 1985

Ein Freund schrieb mir vor einiger Zeit von einer Fastenkur. Über Wochen gab es täglich einige Scheiben trockenes Brot und neben Milch nur Tee und Mineralwasser. Er fühlte sich am Ende jedoch wie neugeboren und empfand das Leben mit neuer Freude und Dankbarkeit wieder als Geschenk. Er sei schon lange nicht mehr so mit sich im Frieden gewesen wie nach diesen Wochen eines kargen Lebens.

Natürlich hatte er vorher Angst, da er vieles entbehren sollte, was ihm zur festen Gewohnheit geworden war. Aber jetzt machte er eine neue Erfahrung: Der Verzicht nimmt nicht, sondern er gibt. Zu dieser Erfahrung möchte ich Ihnen heute ein Wort der Ermutigung sagen.

I. Warum haben wir den Sinn fürs Maßhalten verloren?

Die meisten von uns leben besser als je. Viele erinnern sich noch an knappe Kost und armselige Kleidung. Wir sind dankbar für die Fülle des Angebots, das wir jetzt überall vorfinden. Dies gilt mindestens für Essen und Kleidung. Manchmal merken wir jedoch, dass wir nicht mehr genügend frei sind, uns die Genüsse des Lebens zu erlauben oder unserem Begehren eine Grenze zu setzen. Wenn wir uns beschränken wollen, bekommen wir Angst, etwas für unser Leben Entscheidendes zu verlieren. Gierig und unersättlich wollen wir alles haben. Wenn wir es uns leisten können, beginnt der Wettlauf auf neu zu erobernde Ziele: Alles soll noch größer, noch schöner, noch teurer werden. Solange wir die neuen Errungenschaften noch nicht besitzen, redet uns die

Werbung ein, wir müssten sie haben. Unser ganzes Leben, vor allem die Wirtschaft, ist von einer Haltung des immer steigenden Erzeugens und des wachsenden Verbrauchens bestimmt. So ist unser Dasein angespannt, auf Leistung und Genuss eingestellt. Manchmal ist das wie ein Teufelskreis.

Wenn ich vom Maßhalten und vom Verzicht rede, will ich diese Welt nicht madig machen. Es ist gut, dass die Menschen heute viele Wahlmöglichkeiten haben, ihr Leben zu bestimmen und einzurichten. Die Fülle des Angebots ist nicht in sich eine schlechte Sache. Darum soll auch hier nicht von einem Verzichten die Rede sein, das ewig um das bloße Entsagen kreist. Freiwilliges Maßhalten entstammt nicht der Verurteilung oder Herabsetzung eines guten oder frommen Lebens, schon gar nicht dem Neid oder einem verdrängten, in Wahrheit heftigen Verlangen nach Besitz und Genuss, das sich diese Wünsche nicht eingesteht. Wer freiwillig auf Dinge verzichtet, die er erreichen könnte, ist nicht sauertöpfisch und bitter. Es gab und gibt einen solchen Missbrauch der Entsagung. Hier geht es mehr um die Erziehung zum gezielten Auswählen und beherrschten Gebrauchen der Güter dieser Welt.

II. Warum ertönt der Ruf nach einer »neuen Aszese«?

Seit einiger Zeit trifft man auf die Forderung nach einer Erneuerung vergessener Tugenden. Dazu gehört auch die Einübung in ein Leben, das sich selbst zu beherrschen lernt, strenger mit sich umgeht und auch verzichten kann. Dafür wird das alte Wort Aszese, also Übung und Training, angeführt. Nicht selten kommt dieser Ruf aus der Erfahrung von Überdruss an einer Übersättigung mit Waren und Genussmöglichkeiten. Obgleich die Fülle des Angebots kaum überbietbar scheint, gibt es so viel chronische Unzufriedenheit. Wir sind durch unterschiedsloses, gedankenloses Verbrauchen unfrei geworden. Wir haben die Freiheit gegenüber den heute antrainierten Bedürfnissen und Abhängigkeiten gefährdet. Wir verschlingen alles aus Angst, es könnte uns weggenommen werden. Aber solches Genießen und Verbrauchen – wir heißen es Konsum beziehungsweise Konsumieren – zwingt uns auch, immer mehr zu erwerben und einzuverleiben, ohne dass es darum gelingen würde, uns zu befriedigen. In einer solchen »Überflussgesellschaft« kann sogar Ekel entstehen. »Der Konsument ist der ewige Säugling, der nach der Flasche schreit«, sagt ein erfahrener Psychologe.

Es kommt noch etwas hinzu. Immer mehr richten wir unser gemeinsames Leben auch nach solchen Maßstäben ein. In der Ehe ist kaum mehr Zeit für das Gespräch und die persönliche liebevolle Zuwendung, dafür soll die Frau mit mehr Geld befriedigt werden, das ihr zur freien Verfügung steht. Die Zeit, die Kinder von ihren Eltern brauchen, ist auch nicht durch teures Spielzeug ersetzbar. Der Mensch hat einen Hunger nach Sinn und Anerkennung, der nicht durch vermehrte materielle Zuwendungen gestillt werden kann. Ehepartner und Kinder, die kein gutes Wort mehr hören und keine Liebkosung erfahren, brechen eines Tages aus, auch und gerade, wenn sie in einem goldenen Käfig sitzen.

Unser steigender Lebensstandard soll nicht mies gemacht werden. Wir wollen ihn, und zwar für alle. Es wird jedoch Zeit, auf der geistigen und moralischen Kostenseite eine Abrechnung vorzunehmen: Hat es hier nicht beträchtliche Verluste gegeben? Sind wir nicht zu oft von dem Irrglauben befangen, wir könnten seelische Grundbedürfnisse des Menschen, wie Freude, Anerkennung und Liebe, durch eine Erweiterung des materiellen Angebots ersetzen?

III. Was heißt Maßhalten für den Einzelnen?

Maßhalten muss immer wieder gelernt werden. Es lebt nur als Mitte zwischen Extremen. Die Pastoralbriefe warnen zum Beispiel vor der Sucht, dem Wein zu verfallen (vgl. 1 Tim 3,8; Tit 1,7; 2,3), zugleich ermuntern sie zu einem maßvollen, geradezu heilenden Gebrauch des Weines (vgl. 1 Tim 5,23). Wer klug ist, achtet auf ein solches Maß. Er übernimmt sich nicht und verlangt nicht Dinge, die ihm nicht zuträglich sind. Wiederum sagen die Pastoralbriefe: »Wenn wir Nahrung und Kleidung haben, soll uns das genügen. Wer aber reich werden will, gerät in Versuchungen und Schlingen, er verfällt vielen sinnlosen und schädlichen Begierden, die den Menschen ins Verderben und in den Untergang stürzen. Denn die Wurzel aller Übel ist die Habsucht« (1 Tim 6,8ff). Bescheidenheit ist nicht bloß eine Tugend der kleinen Leute. Wer bescheiden ist, verzichtet auf Güter, die er gewöhnlich nicht erreichen kann und die er im Ernst auch nicht braucht. Jeder weiß, wie schnell Größenwahnsinn zu Fall kommt. Der heilige Paulus mahnt uns: »Strebt nicht über das hinaus, was euch zukommt, sondern strebt danach, besonnen zu sein, jeder nach dem Maß des Glaubens, das Gott ihm zugeteilt hat« (Röm 12,3).

Eine andere Form des Maßhaltens besteht in der Selbstbeherrschung. Nur wer sich selbst unter Kontrolle hat, kann überhaupt auf einen Missbrauch von Leitungsgewalt verzichten und überzeugend führen. Wer sich selbst beherrscht, formt und ordnet die widerstrebenden Triebe auf Ziele hin. Eine solche Zügelung tut uns verwöhnten Menschen weh. Jeder, der zum Beispiel seinen Zorn oder seine Wut beherrschen muss, weiß dies. Aber ein solcher Schmerz ist für den Menschen unentbehrlich: Er zeigt ihm Gefährdungen seines Lebens an, macht auf Grenzen aufmerksam und nimmt in Zucht. Maßhalten bringt darum immer eine gewisse Härte gegen sich selbst. Dafür bekommen wir uns besser in die Hand, sind geistig sowie willensmäßig konzentrierter und lösen uns von ungeordneten Antrieben. Der Mensch, der Maß halten oder verzichten kann, ist stärker, weil er freier ist. Disziplin ist der Preis der Freiheit. So sagt ein Dichter des 17. Jahrhunderts: »Wer seiner selbst Meister ist und sich beherrschen kann, dem ist die weite Welt und alles untertan« (Paul Fleming).

Solches Maßhalten und Verzichten, Sich-selbst-Beherrschen und Entsagen bezieht sich auf alles, was wir tun und treiben: Denken und Reden, Besitz und Macht, Verdienen und Gelten, Essen und Trinken, Lieben und Hassen, Wohnen und Schauen, Arbeiten und Ruhen. Die »neue Aszese« ist freilich kein Selbstzweck. Es geht nicht um ein beinahe sportlich betriebenes Leistungsprestige, sondern um größere

Freiheit. Aber auch sie ist für sich allein noch nicht bestimmt. Sie ermöglicht jedoch mehr geistige Wachheit, konzentrierten Lebensstil, mehr Zeit und Einsatz für andere. Sie befreit aus der Mentalität des passiven Genusses und gewährt Teilnahme an Verantwortung sowie Eigenständigkeit. Maßhalten und Verzicht machen tüchtig, indem sie uns tauglich machen für die Begegnung mit einer Wirklichkeit, die uns Widerstand leistet. So erst entwickeln sich Kräfte, die das ausmachen, was man seit alters Tugend nennt. Sie hat etwas mit »taugen« zu tun.

IV. Was bedeutet Bescheidener-Werden für alle?

Selbstbeherrschung und Maßhalten ist nicht bloß eine Tugend des Einzelnen, sondern geht mehr und mehr auch das gesellschaftliche Zusammenleben der Menschen an. Das Neue dieser alten Tugend erkennt man vielleicht sogar besser in ihrer Bedeutung für die Allgemeinheit. Sie hat wenig mit bestehender Kargheit des Lebens zu tun, denn sie muss, verglichen mit anderen Situationen, in einer Zeit beinahe des Überflusses gepredigt werden. Auch hier kommt es auf die Zügelung des Konsums an, damit wir uns nicht zu viel erlauben. Gefordert wird zum Beispiel mehr Rücksicht auf das Erhalten unserer Lebensbedingungen auf dieser Erde. Dabei geht es um Schonung der Natur ebenso wie um Solidarität mit den künftigen Generationen. Das Maßhalten gilt jedoch nicht nur für den Verbrauch von Land und Rohstoffen, sondern überhaupt für die Fähigkeit beziehungsweise Unfähigkeit, mit unserem Reichtum und unseren technischen Möglichkeiten umzugehen. Es bezieht sich auf unsere Zielsetzungen, Erwartungen und Lebensführung. Wir verfolgen zügellos unsere Ziele, oft ohne nach den voraussehbaren Folgen zu fragen. Es gelangt eine ganz neue Stufe der Mäßigung in den Blick, wenn wir das menschliche Können und den Erwerb neuer Macht ins Auge fassen. Bisher musste man den Menschen kaum vor dem Vollbringen von Höchstleistungen warnen. Jetzt erhebt sich die Frage, ob nicht Zurückhaltung ein Gebot werden kann, zum Beispiel bei den Versuchen einer

Verlängerung menschlichen Lebens um jeden Preis, bei der psychologischen Lenkung des Menschen, bei Manipulationen mit dem Keim- und Erbgut, bei den Möglichkeiten der »neuen Medien«, gerade auch im Videogeschäft. Kann der Mensch eine einmal erworbene und erlernte Macht rechtzeitig bremsen? Verzichte solcher Art zugunsten der ganzen Menschheit wären schon längst gefordert, wenn wir zum Beispiel an die moderne Waffenentwicklung und an die immer noch bestehende Not in weiten Erdteilen denken. Maßhalten-Können im Erwerb und Gebrauch der Macht entscheidet über die Zukunft und die Freiheit in einer Welt von morgen.

V. *Wie sieht die christliche Gestalt des Verzichts aus?*

Viele reden von Verzicht. Wie begründet der Christ eine solche Haltung? Der christliche Glaube wusste schon immer um die Notwendigkeit von Mäßigung und Selbstbeherrschung, Verzicht auf Macht und Besitz, Ausübung der geschlechtlichen Fähigkeiten und Ehe. Freilich, Maßhalten und Verzicht sollen nicht von religiöser Leistung zeugen oder angeberisch verwendet werden. Darum hat Jesus jede in dieser Richtung orientierte Fastenpraxis abgelehnt (vgl. Mk 2,18ff), nicht aber das Fasten überhaupt (vgl. nur Mt 4,2; 6,16ff). Alles kommt auf die Einstellung und den Geist an (vgl. Mt 23,25–28; vgl. Joel 2,12ff; Jes 58,3–10; Jer 14,12). Paulus macht darauf aufmerksam, dass Kasteiungen und starre Gesetze über den Genuss von Speisen auch die menschliche Eitelkeit befriedigen können (vgl. Kol 2,16–23). Gegen jegliches Herabsetzen zum Beispiel der Ehe und mancher Speisen sagen die Pastoralbriefe, dass »nichts verwerflich ist, wenn es mit Dank genossen wird; es wird geheiligt durch Gottes Wort und durch das Gebet« (1 Tim 4,4 f). So gibt es keinen selbständigen Wert des Fastens um seiner selbst willen, aber die Urchristenheit hat den Brauch beibehalten, die Ernsthaftigkeit des Gebets durch Fasten zu bestätigen (vgl. Apg 13,3; 14,23). In der Mitte aller Aszese steht der Glaube an Gott. Wenn der Verzicht ein Ausdruck dafür ist, dass der Mensch vom Gefangensein und Um-sich-Kreisen und von allen Götzen befreit wird und sich Gott sowie dem Nächsten zuwendet, dann ist er sinnvoll und – in welchen Formen immer – gefordert. »Denn das Reich Gottes ist nicht Essen und Trinken, es ist Gerechtigkeit, Friede und Freude im Heiligen Geist« (Röm 14,17).

Wie stützt der christliche Glaube Verzicht und Selbstbeherrschung von innen her?

1. Nichts Geschaffenes ist von Gottes Schöpfung her schlecht (vgl. auch Röm 14,14). Alles entscheidet sich im konkreten Gebrauch durch den Menschen. Der Mensch kann nämlich alles Geschaffene vergötzen und ihm so anheim fallen (vgl. Röm 1–2). Süchtiges Begehren und eigenmächtige Selbstbefangenheit kennzeichnen die Sünde der Maßlosigkeit. Wer wirklich verzichtet, bleibt sich bewusst, dass alle kreatürliche Wirklichkeit zum Dienst bestimmt bleibt, sagt Ja zum Leben und ist dankbar für das je Empfangene. Wer nicht Maß halten und verzichten kann, rebelliert gegen diese Ordnung der Dinge.

2. Seitdem die Herrschaft der Sünde und damit des Ichs den Menschen gefangen hält, gibt es Ängste und Zwänge sowie Versuchungen aller Art, vor allem des Habens und Sich-Einverleibens. Im Geist Jesu, in Gebet und Entsagung, ist der Mensch imstande, den Reizen und Zwängen einer verlockenden Welt widerstehen zu können. Ohne Leiden und Kreuz (vgl. Gal 6,14), Verzicht, Entsagung und Anstrengung (vgl. 1 Kor 9,24–27) ist eine solche Freiheit nicht möglich.

3. Den Verzicht und das Maßhalten kann es am Ende nur geben, weil diese Welt keinen letzten Halt bietet. »Wir haben nichts in die Welt mitgebracht, und wir können auch nichts aus ihr mitnehmen.« (1 Tim 6,7) Alles ist nur auf Zeit zur Verfügung gestellt und so geliehen. Wir können die Dinge nur lose in den Händen halten. Im Tod muss der Mensch alles lassen. Wer Abstand halten und verzichten lernt – wir

sprechen nicht zufällig von »Abtötung« –, lebt menschlicher, weil er weiß, dass er nur Gast ist. Gelöstsein und Gelassenheit bestimmen ein solches Verhalten zur Welt. Menschen, die so zu leben versuchen, lieben die Dinge und auch die Menschen ungleich tiefer als die, die sie vernutzen und vergötzen.

Der wahre christliche Verzicht ist von einer solchen Hoffnung getragen, und er macht diese Zuversicht auf vielfache Weise offenbar, nicht zuletzt durch ein Leben nach den so genannten »evangelischen Räten« (Armut, Ehelosigkeit, Gehorsam) in den Orden und in den geistlichen Gemeinschaften.

Es gäbe noch einiges anzufügen über das Fasten in der österlichen Bußzeit. Ich wünsche Ihnen, dass Sie nachdenklich werden über das Geheimnis des Verzichts und der Entsagung. Vielleicht ist jetzt die Einsicht näher gerückt, dass das Maßhalten nicht nimmt, sondern gibt. Versuchen Sie es einmal selbst! Fangen Sie bei sich an, in Ihrer Ehe und Familie, in Ihren Gemeinschaften und Gruppen, in Ihren Gemeinden! Helfen Sie jungen Menschen auf der – meist noch undeutlichen – Suche nach einem anderen Lebensstil.

Beten wir neu die Worte in den Präfationen der Fastenzeit: »Durch das Fasten des Leibes hältst du die Sünde nieder, erhebst du den Geist, gibst du uns die Kraft und den Sieg durch unseren Herrn Jesus Christus« (IV). »Die Entsagung mindert in uns die Selbstsucht und öffnet unser Herz für die Armen. Denn deine Barmherzigkeit drängt uns, das Brot mit ihnen zu teilen in der Liebe deines Sohnes, unseres Herrn Jesus Christus« (III). Hier ist alte Weisheit verborgen!

Es ist ein heikles Thema. Es gibt noch so viel Not in der Welt, dass man nicht gerne vom Maßhalten und von Verzicht redet. Auch liegt auf der Hand, dass die Menschen sich nicht gerne an das Schmerzhafte erinnern lassen. Das Anderswerden und Anderssein ist unsäglich schwer. Aber wagen wir es mit dem 1. Petrusbrief: »Seid (also) besonnen und nüchtern, und betet! Vor allem haltet fest an der Liebe zueinander!« (1 Petr 4,7b.8a).

3 | UMKEHR

Die Gnade, ein anderer zu werden. Schuld – Umkehr – Versöhnung

HIRTENBRIEF ZUR ÖSTERLICHEN BUSSZEIT 1986

Gott, sei mir gnädig nach deiner Huld,
tilge meine Frevel nach deinem reichen Erbarmen!
Wasch meine Schuld von mir ab
und mach mich rein von meiner Sünde!
Denn ich erkenne meine bösen Taten,
meine Sünde steht mir immer vor Augen.
Gegen dich allein habe ich gesündigt,
ich habe getan, was dir missfällt.
So behältst du recht mit deinem Urteil,
rein stehst du da als Richter …
Verbirg dein Gesicht vor meinen Sünden;
tilge all meine Frevel!
Erschaffe mir, Gott, ein reines Herz
und gib mir einen neuen, beständigen Geist!
Verwirf mich nicht von deinem Angesicht
und nimm deinen heiligen Geist nicht von mir!
Mach mich wieder froh mit deinem Heil,
mit einem willigen Geist rüste mich aus!

Psalm 51,3–6.11–14

Die Antwort auf eine in unserem Bistum durchgeführte Umfrage zu den »Schwerpunkten der gegenwärtigen Pastoral« brachte bei nicht wenigen Themen recht verschiedene Meinungen und Erfahrungen an den Tag. So ist es auch mit dem Problemkreis Schuld – Beichte –Versöhnung. Ich möchte dafür einige Zeugnisse anführen. »In einer modernen Zeit halte ich die Beichte für überholt. Warum etwas bekennen, wenn ich es hinterher sofort gedankenlos wieder begehe.« »Die meisten von uns gehen nicht mehr zur Beichte. Über den Grund spricht man nicht. Einerseits ist man froh, die Beichte losgeworden zu sein, andererseits empfindet man es als einen großen Verlust.« »Um den Schuldgefühlen zu entgehen, bleiben viele der Kirche fern.« »Die Menschen wissen überhaupt nicht mehr, was Schuld ist.« »Für viele ist die Bequemlichkeit Hauptmotiv, die Beichte zu meiden.« »Beichtgespräche ... sind notwendig zur Kurskorrektur im geistlichen Leben, auch wenn die Korrekturen, zu denen man fähig ist, oft kläglich ausfallen. Es ist ein Sakrament, das Frieden der Seele gibt.«

Ich möchte mich mit Ihnen in ein Gespräch über diese Fragen begeben. Dabei ist es nicht möglich, auf einmal alle Gedanken und Einwände zur Sache aufzunehmen. Es hätte wenig Sinn, einfach die bekannte Verpflichtung zu Beichte und Versöhnung einzuschärfen, vielmehr wollen wir ein vertieftes Verständnis dafür und sogar neue Freude daran wecken. Darum muss zuerst von der Verantwortung und der Schuld, der Sünde und der Vergebung die Rede sein.

I. Vergessene Schulderfahrung

Schuld und gar Sünde sind seltene Fremdwörter geworden. Natürlich spielen sie in unserer Alltagssprache noch eine Rolle, zum Beispiel »Verkehrssünder«, »sündhaft teuer«. Aber man tut sich mit der ursprünglichen Bedeutung dieser Schlüsselworte zur Sinngebung unseres Lebens schwer. Für den Niedergang dieser Wörter sollen wenigstens ein paar Gründe angedeutet werden.

1. Die neuzeitliche Kritik am christlichen Glauben wirkt bis heute untergründig weiter: So etwas wie »Sünde« wolle den Menschen ein schlechtes Gewissen einpeitschen. Sünde entwerte alles Gesunde und Kräftige. Sie werde ein Mittel, um sich die Menschen zu unterwerfen. Darum sei sie eine Erfindung der Priester. »Der Priester lebt von den Sünden«, sagt ein harter Kritiker (F. Nietzsche). An ihre Stelle müsse eine diesseitige Religion reiner Freude treten, die Schuldgefühle und Sündenbewusstsein abschaffe und ein neues Leben in Unschuld zurückgewinne.

2. Die modernen Wissenschaften haben entdeckt, dass unser Denken, Fühlen und Handeln durch abertausend äußere Umstände der Herkunft und Veranlagung, der Erziehung und der konkreten Lebenswelt schicksalhaft bestimmt werden. Das Ausmaß solcher Einflüsse ist gewiss größer, als man früher dachte, aber die Faszination durch diese Entdeckungen hat nicht selten den Sinn für die Anerkennung von Schuld und für persönliche Verantwortung sehr verdunkelt: Alles ist bloß Versagen, eine Form von Krankheit, mangelnde Anpassung. Schuldgefühle sind darum schädlicher Seelenmüll.

3. Wir erfahren immer mehr, dass unsere Lebensabläufe im Räderwerk der Gesellschaft, der Bürokratie und der Technik ohne Namen von Verantwortlichen bleiben. So mag es zwar Fehler, Versagen, ja sogar Sünden geben, zum Beispiel »Umweltsünden«, aber wir wissen oft nicht, wer sie begeht. Diese Einstellung überträgt sich auch auf unsere alltägliche Lebensstimmung: »Es« ist eben passiert, »ich kann nichts dafür«, »da bin ich doch nicht gemeint«, alles ist nur eine Panne.

Hinter diesen Verhaltensweisen steckt eine uralte Versuchung des Menschen: Wir entziehen uns der Verantwortung, werden unempfindlich und gleichgültig gegenüber Unrecht und Leid, verdrängen so eigene Schuld, suchen nach Sündenböcken und entschuldigen uns: Andere sind es gewesen, nämlich die Vergangenheit, die Natur, die Gesellschaft, das System oder die Gegner.

Der Glaube will zwar dieses raffinierte, manchmal unbewusste Spiel von Ausreden und Ausweichmanövern stören und den Menschen zu sich selbst bringen, aber eine oft auch mangelhafte Praxis von Buße und Beichte hat eigene Nöte geschaffen: falsche Sündenangst, gewohnheitsmäßiges Herunterleiern einmal gelernter Beichtspiegel, übertriebene Strenge, Skrupel. Die Krise von Buße und Beichte zeugt von beidem, vom allgemeinen Schwinden des Schuld- und Sündenbewusstseins und auch von der eigenen Schwäche der Christen, solchen Tendenzen wirklichen Widerstand zu leisten. Auch in der Kirche – so sagt Papst Johannes Paul II. in seinem 1984 erschienenen Apostolischen Schreiben »Versöhnung und Buße« – neigen einige dazu, »übertriebene Einstellungen der Vergangenheit durch neue Übertreibungen zu ersetzen: Nachdem die Sünde überall gesehen wurde, gelangt man dazu, sie nirgendwo mehr zu sehen« (Nr. 18).

II. Das Umschlagen von Verantwortung in Schuld

Wie können wir aus dieser Vergessenheit von Schuld aufwachen? Dies kann auf vielfache Weise geschehen. Viele Künstler zum Beispiel rennen durch Worte und Bilder gegen unsere schlafwandlerische Sicherheit und eingebildete Unschuld an und rütteln an unserer Gleichgültigkeit. Aber entscheidend ist eine Änderung im eigenen Dasein. Nur wenn man den Trott des gewohnten Lebens unterbricht, wird der Mensch nachdenklich: Er sieht plötzlich, dass Fehler und Versagen nicht zufällige Ereignisse sind, die fast wie Naturkatastrophen von außen über ihn hereinbrechen, sondern in hohem Maße auf ihn selbst zurückgehen. Es braucht viel Mut des Einzelnen, im Dschungel der Angebote und Verführungen zur eigenen Zuständigkeit zu stehen. Die Annahme von Schuld ist nur möglich, wenn der Mensch sich zu seiner Würde bekennt, nämlich zu Freiheit, Verantwortung und Gewissen. Wir sind so frei, dass wir uns auch selbst verfehlen und unsere Freiheit aufheben können. Die Verantwortung bindet uns an uns selbst, damit wir nicht dauernd in Ausreden und Alibis flüchten. Das Gewissen ist der Ort, wo wir aus der Scheinwelt ständiger Entschuldigungen herausgerissen werden, das eigene Versagen erkennen, vom Antlitz des Nächsten und einer unerbittlichen Stimme angeklagt werden und unsere Schuld eingestehen. Ohne Abkehr vom eigenen Versagen gelingt keine Umkehr. Darum tut das Eingestehen von Schuld immer auch weh. Zu Schuld und Sünde gehört seit alters her das entschiedene Bekenntnis (vgl. Ps 32,1–5; Ps 51,3–7; Ps 130).

Wir entdecken heute mit Recht unsere Verstrickung in einen weiten, über unsere Köpfe reichenden Unheilszusammenhang. Wenn ich eine Banane zu einem billigen Preis esse, verhindere ich damit möglicherweise, dass lateinamerikanische Plantagenarbeiter gerecht entlohnt werden. Man entrinnt seiner weltweiten Verantwortung nicht leicht. Umweltschäden, Verzerrungen in der Weltwirtschaftsordnung zuungunsten der ärmsten Länder, Missachtung der Menschenrechte und absurdes Wettrüsten sind weitere Beispiele dafür. Besonders junge Menschen fühlen sich darum oft an eine ausweg- und heillose Ohnmacht ausgeliefert und in einer objektiven Schuldsituation mitgefangen, die sie leiden lässt. Schulderfahrung und auch Versöhnung haben für uns eine spürbare leibliche und soziale Dimension. Dennoch darf man nicht vergessen, dass Anerkennung von Schuld und Versöhnung nur durch das Sprengen und Aufdecken des in sich verschlossenen Ichs Wirklichkeit werden kann. Der Mensch wird aus jeder anonymen Masse herausgerufen, in der er sich verbirgt. Dieser Abschied von der namenlosen Menge bedeutet keinen Rückzug bloß ins Private, sondern eine Neuentdeckung sozialer Verantwortung. Der Mensch, der durch die Übernahme von Verantwortung aus seiner verhängnisvollen Ich-Bezogenheit herausfindet und diese überwindet, kann sich wieder ganz bewusst der menschlichen Gemeinschaft zur Verfügung stellen. Die Annahme von Schuld bekehrt auch zur Gemeinschaft.

Wer aber ruft den Menschen in diese seine volle Wirklichkeit? Dies ist zunächst sein eigenes mahnendes Gewissen. Auch das stumme klagende Antlitz des Nächsten, dem Unrecht geschah, richtet uns. Der Schuldige ist nicht nur hinter seinen eigenen Möglichkeiten zurückgeblieben, sondern er hat die Lebenschancen anderer verhindert oder gar zerstört. So braucht er den Partner, der ihm Schuld vergibt. Das Opfer, dem Unrecht zugefügt wurde, macht zuerst Versöhnung möglich und nimmt den Schuldigen wieder neu an. »Und vergib uns unsere Schuld, wie auch wir vergeben unsern Schuldigern.«

Was aber ist mit jener Schuld, die vom Mitmenschen nicht verziehen wird oder die keiner vergeben kann? An dieser Stelle stößt die Schulderfahrung notwendig auf Gott. Nur Gott selbst bringt den Menschen vorbehaltlos, also unverstellt und ganz, vor sich selbst. Er enthüllt sich als der letzte, tragende Grund der reinen Stimme des Gewissens. Als Kain den ersten Menschenmord an seinem Bruder Abel verübte, rief Gott: »Wo ist dein Bruder Abel? Kain entgegnete: Ich weiß es nicht. Bin ich der Hüter meines Bruders? Der Herr sprach: Was hast du getan?« (Gen 4,9–10a).

Keiner kann aus sich allein umkehren. Jeder wird, wie die biblisch-kirchliche Lehre von der Ur- und Erbsünde erweist, in eine Welt hineingeboren, die schon »unter der Macht des Bösen steht« (1 Joh 5,19). Dies ist die »Sünde der Welt« (Joh 1,29), die zur Verzweiflung führt. Schuld ohne Erbarmen lässt jedoch das menschliche Leben aussichtslos werden. Darum erfolgt der Ruf Gottes durch seine Boten: »Kehrt um zu mir von ganzem Herzen … Zerreißt eure Herzen, nicht eure Kleider und kehrt um zum Herrn, eurem Gott! Denn er ist gnädig und barmherzig, langmütig und reich an Güte« (Joel 2,12.13 a).

In Jesus von Nazaret ist dieses Erbarmen Gottes für alle Menschen leibhaft erschienen. »Kehrt um und glaubt an das Evangelium!« (Mk 1,15b), das ist der Anfang und der Keim seiner Botschaft. Weil das Reich Gottes und die Herrschaft der Liebe in Jesus Christus angebrochen sind, darum können und sollen wir umkehren. In besonders reiner Gestalt erscheint die in Jesus offenbar gewordene, unserer Verlorenheit zuvorkommende Liebe Gottes des Vaters im Gleichnis vom verlorenen Sohn. »Der Vater sah ihn schon von weitem kommen, und er hatte Mitleid mit ihm. Er lief dem Sohn entgegen, fiel ihm um den Hals und küsste ihn« (Lk 15,20). In seinem Leiden und in seinem Tod, uns als Vermächtnis hinterlassen in der Eucharistie, hat Jesus diese Einladung der Liebe Gottes durch alle Feindschaft der Welt durchgetragen und sein Blut »für alle vergossen zur Vergebung der Sünden«. Nach seiner Auferstehung hat Jesus Christus seiner Kirche seinen Frieden und die Vollmacht zur Sündenvergebung zugesprochen. Umkehr und Buße sind darum von Hause aus eine froh machende und befreiende Sache. Sie bedeuten Wegkommen von der Vergangenheit, Befreiung von der Knechtschaft des Bösen und ein unbelastetes Neu-anfangen-Dürfen. Weil Gott uns nicht einfach einsperrt in das, was einmal gewesen ist, sondern uns eine Freiheit nach vorne zu neuem Leben schenkt, gibt es die Freude der Umkehr. Was haben wir Christen oft aus ihr gemacht: Angst und Lasten statt Trost und Befreiung!

Das Wort Sünde setzt Schuldigwerden voraus, betont dabei aber in besonderer Weise die Beziehung des Menschen zu Gott. Die Macht der Sünde beginnt schon, wenn unser Leben mit Gott abstirbt. Wird die Verbindung und das Gespräch mit Gott gestört, ist es nicht mehr weit, bis wir seine Einladung zur Umkehr ablehnen, so seine Güte zurückweisen und am Ende uns selbst verlieren. Mit dem Schwächerwerden des Glaubens schwindet auch das Bewusstsein für die Sünde. Hier liegt innerhalb und außerhalb der Kirche der letzte Grund für die Krise aller Schulderfahrung. Wenn wir umkehren wollen, müssen wir uns im Glauben erst wieder von Gottes Erbarmen anrufen lassen.

IV. Lasst euch mit Gott versöhnen!

Der katholische Glaube hat im Lauf einer reichen Geschichte vielfältige Formen der Umkehr und der Sündenvergebung ausgebildet, besonders im Blick auf das Bußsakrament …

Es wäre schon viel gewonnen, wenn wir uns wieder auf eine alte biblische Weisheit besinnen, die uns Martin Buber von einem jüdischen Rabbi überliefert hat: »Die große Schuld des Menschen sind nicht die Sünden, die er begeht – die Versuchung ist mächtig und seine Kraft gering! Die große Schuld des Menschen ist, dass er in jedem Augenblick die Umkehr tun kann und nicht tut.«

Ich wünsche Ihnen und mir, dass uns die österliche Bußzeit auf dem Weg der Umkehr voranbringt und uns mit der Vergebung der Sünden befreiende Freude schenkt. Mit den Worten des Apostels Paulus möchte ich Sie aufrufen: »Wir bitten an Christi statt: Lasst euch mit Gott versöhnen!« (2 Kor 5,20b).

4 | TREUE

Der Glaube braucht heute besonders die Treue

Hirtenbrief zur österlichen Busszeit 1988

In diesem Jahr möchte ich eine grundlegende Frage erörtern, die jedoch weniger einen einzelnen Schwerpunkt des christlichen Lebens betrifft, sondern alles wie ein roter Faden durchzieht. Ich fasse mein Anliegen in den Satz zusammen: *Der Glaube braucht heute besonders die Treue.* In drei Schritten möchte ich mit Ihnen diesen Grundgedanken entfalten.

I. Der Glaube verlangt stets Mut und Geduld

Es war nie selbstverständlich, dass der Mensch sich für den Glauben entschied. Man braucht großen Mut, wenn man unsichtbaren Dingen mehr trauen soll als solchen, die sichtbar sind. »Glaube aber ist Feststehen in dem, was man erhofft, Überzeugtsein von Dingen, die man nicht sieht«, sagt der Hebräerbrief in seiner berühmten Umschreibung des Glaubens (11,1). Von der tagtäglichen menschlichen Erwartung her ist der Glaube das Unwahrscheinliche. Abraham, der Vater im Glauben, muss aus seiner vertrauten Heimat aufbrechen und soll in einem fremden Land reichen Segen erhalten (vgl. Gen 12,1ff). Glauben ist Aufbruch aus dem Gewohnten und Wagnis hinein in ein fremdes Land und eine unbekannte Zukunft. Von Abraham sagt der heilige Paulus: »Gegen alle Hoffnung hat er voll Hoffnung geglaubt« (Röm 4,18). Gott allein hat die Macht, alles zu erfüllen, was er verheißen hat: So hat er das, was nicht ist, ins Dasein gerufen und die Toten lebendig gemacht (vgl. Röm 4,17).

Ohne diesen beständigen Mut zum Glauben droht die Gefahr, dass wir immer wieder vor Schwierigkeiten kapitulieren und enttäuscht hinter der uns geschenkten Hoffnung zurückbleiben (vgl. Hebr 4,1; 10,38f). Versuchung und Leiden, Verfolgung und Abfall beweisen, wie sich die Situation des Glaubenden zuspitzen kann. Darum kommt alles darauf an, nicht nachzugeben, sondern im Glauben, in der Hoffnung und in der Liebe voranzuschreiten (vgl. Hebr 10,22ff). Nach dem Beispiel Jesu Christi sollen die haltbedürftigen Christen das Kreuz auf sich nehmen, nicht ermatten und den Mut nicht verlieren. Das Neue Testament ruft uns immer wieder zu dieser Kraft des Widerstands auf: »Werft also eure Zuversicht nicht weg ... Was ihr braucht, ist Ausdauer ... Wir aber gehören nicht zu denen, die zurückweichen und verloren gehen, sondern zu denen, die glauben und das Leben gewinnen« (Hebr 10,35–39). Darum gehören Glaube, Geduld und das, was die Bibel »Beharrlichkeit« nennt, eng zusammen. Der Glaube brauchte immer schon ungewöhnlichen Mut.

II. Was den Glauben heute besonders schwer macht

Hindernisse gab es für den Glauben schon immer. Nicht nur die Wahrheit, sondern auch die Achtung vor den früheren Gestalten des Glaubens verlangt diese Anerkennung. Wenn wir dies einräumen, dürfen wir auch unsere heutigen, konkreten Schwierigkeiten beim Namen nennen:

1. Früher gab es – wenigstens in Teilen unseres Landes – ein Lebensmilieu, das im Ganzen von der Kraft des christlichen Glaubens geprägt war und so dem Einzelnen Halt gab; er wurde mitgetragen und gestützt. Dieser Teppich gemeinsamer Glaubensüberzeugungen ist heute vielfach durchlöchert. Der Einzelne ist auch in einer mehrheitlich christlich bestimmten Umgebung einsamer geworden und lebt fast überall in einer Art »Diaspora«. So steht er in der Gefahr der Vereinsamung. Die tragende Glaubensgemeinschaft ist oft »dünn« geworden,

bietet nur wenige Griffe zum Halten und wird dadurch ein Stück weit unsichtbar.

2. Gegenüber einer relativ hohen Gemeinsamkeit von Grundüberzeugungen erleben wir heute eine Vielzahl und auch eine Widersprüchlichkeit von Weltanschauungen und Religionen. Dinge, die wir früher nur vom Hörensagen kannten, wie zum Beispiel den Islam, werden in unserer Nachbarschaft gelebt. Da jeder in seiner Glaubensüberzeugung frei ist und das Angebot überfließt, basteln sich viele auf dem »Markt der Möglichkeiten«, den unsere Gegenwart geistig und spirituell darstellt, »ihre« Religion. Das Vielerlei an Werthaltungen überhaupt schafft Orientierungslosigkeit und Unsicherheit.

3. Unser Wissen ist unheimlich gewachsen. Es hat viele überkommene Überzeugungen erschüttert. Eine Tendenz zur Relativierung des bisher Gültigen und ein Zweifel gegenüber Aussagen, die unsere unmittelbare Erfahrungswirklichkeit überschreiten, herrschen vor. Wir können bei der Fülle vorgetragener Theorien oft nicht sofort erkennen, wie neuere Erkenntnisse mit unseren ererbten biblischen und religiösen Überzeugungen vereinbar sind. Sie sind oft noch nicht erprobt, werden aber über die Medien sofort verbreitet. Die Wissenschaften ihrerseits überschreiten nicht selten – ähnlich wie politische Ideologien – ihre Zuständigkeit. Es gibt freilich auch eine seltsame Kehrseite: Für überholt angesehene Geheimlehren und Neigungen zum Aberglauben erhalten überraschenden Auftrieb. All dies kann den Glauben sehr belasten.

4. Eine wichtige Voraussetzung des Glaubens ist heute schwächer geworden, nämlich die Fähigkeit der Menschen, in sich selbst und für die eigene Sache zu stehen, gerade wenn man zunächst allein mit seiner Überzeugung bleibt. Die Standfestigkeit der Person ist untergraben. Wir sind weitgehend abhängig von gesellschaftlichen Wirkzusammenhängen, den Bewegungswellen der Moden und der Propaganda, der Zauberkraft großer Zahlen und bekannter Stars. In diesem Klima

der Unverbindlichkeit und rasch wechselnder Trends hat es ein beständiger Glaube schwer.

5. In unserer Gesellschaft und auch in der Kirche ist die seelische Temperatur kälter geworden. Wir planen und sind berechnend, schauen auf unseren Vorteil und sind stolz, als nüchtern zu gelten. Rationales Erkennen, kritisches Prüfen und technische Genauigkeit haben die Oberhand. Gefühlsmäßig sind wir eher abgestumpft, wir denken weitgehend nach dem Muster rationaler Beherrschbarkeit, schon um unsere Betroffenheit, zum Beispiel durch den Hungertod von Kindern, in Grenzen zu halten. Wenn die tieferen Gemütskräfte schwächer werden und auch in der Kirche ein kühleres Klima herrscht, bekommt dies der Glaube zu spüren. Große Gefühlsausbrüche schaden ihm eher, aber er braucht eine warme Atmosphäre: ein Minimum an Sympathie und Entgegenkommen, Offenheit und Bereitschaft zum Verstehen.

6. Die Kirche trägt nicht bloß eine jahrhundertealte, sondern eine bald zwei Jahrtausende währende Last. Sie wird für vieles verantwortlich gemacht, was in diesen zwanzig Jahrhunderten geschah, obgleich sie längst nicht an allem schuldig ist oder ein ähnliches Maß an Verantwortung trägt wie andere. Aber fast alle früheren Träger geschichtlichen Handelns existieren nicht mehr. Hier, in der Kirche, ist jemand anzutreffen, der heute noch für alles haftbar gemacht werden kann. Der Reichtum und die Fülle einer großen Geschichte werden so keineswegs als Segen, sondern als Bürde und Belastung empfunden. Dies trifft die Lebendigkeit des Glaubens, zumal wenn wir so wenig von der wahren Geschichte wissen wie heute. Daher ist der Glaube im Geschick einer solchen Zeit in erhöhtem Maß anfällig für Zweifel. Seine zeitüberdauernde Stärke mit seiner Beständigkeit kann für den Blick der Zeitgenossen fast unsichtbar werden.

III. In der gegenwärtigen Situation braucht der Glaube in hohem Maß die Treue

Wie reagieren wir durchschnittlich in dieser Situation? Viele werfen heimlich alles über Bord, manche ziehen sich still zurück, einige versteifen sich auf frühere Formen und Gewohnheiten, nicht wenige passen sich modernen Gestalten des Glaubens an, etliche brechen alle Brücken hinter sich ab und treten aus der Kirche aus, viele gehen auf Distanz und warten skeptisch ab. Der Einzelne mag dafür jeweils seine Gründe anführen, aber diese Antworten werden den eben dargestellten Herausforderungen nicht gerecht. Es kommt darauf an, dass wir unsere Glaubenssituation nüchtern annehmen. Wir brauchen sie damit nicht zu billigen, aber der Geist Gottes kann uns auch heute die ganze Wahrheit offenbaren. Wenn der Glaube dadurch auch manchmal schwerer scheint, so kann er zugleich reiner und gründlicher werden. Man muss – noch viel mehr als sonst – auf das Ganze gehen, um glauben zu können und um ein Glaubender zu bleiben.

Wie kann das geschehen? Die Kirche bietet viele Hilfen und Antworten an. Dies kann und braucht hier nicht alles zur Sprache zu kommen. Ich nenne bloß den »Katholischen Erwachsenenkatechismus«, den ich Ihnen immer wieder empfehlen möchte. In diesem Hirtenwort möchte ich nur die eingangs schon erwähnte Einsicht herausstellen, die in dieser Situation allerdings lebensnotwendig ist und die wir im Zug der Zeit oft gering schätzen: Der Glaube braucht heute besonders die Treue.

Der Glaube, der die angesprochenen Schwierigkeiten überwindet, trägt eine unbesiegbare Gewissheit in sich. Diese hat ihren letzten Grund in Gott selbst, der uns einen unerschütterlichen Halt gibt. Auf ihn werfen wir im Glauben unser ganzes Vertrauen. Diese Gewissheit ist nicht darum so unverbrüchlich, weil wir so stark und unangefochten wären. Sie ist nicht unsere Leistung. Wir suchen ja gerade außerhalb von uns einen Ort für den Anker unserer Hoffnung. Gott selbst ist der einzig verlässliche Grund unseres Glaubens. Aber bevor wir ihn erreichen, müssen wir alle unsere innerweltlichen Sicherungsversuche –

vor allem das Streben nach Macht, Besitz und Ansehen – aufgeben und bekennen, dass sie eigentlich nicht tragen und im Ernstfall auch versagen.

Auch wenn Gott der einzig wahre Grund unseres Glaubens ist, so wird uns dies nur voll aufgehen, wenn wir uns in Freiheit für ihn entscheiden. Auch wenn Gott selbst uns über dem Abgrund aller unserer Zweifel hält, so lässt sich diese Gewissheit nicht trennen von der Freiheit unserer Entscheidung. Ohne Wagnis, Mut und Entschlossenheit kann es nicht zur Einsicht kommen, dass der Glaube uns wirklich durch alles trägt. Wer im Glauben Gott als die einzig verlässliche Antwort seines Daseins gefunden hat, der kann auch die kleinen Zweifel in seinem Leben und Denken hinnehmen und überwinden.

Nur so kommen wir heute zum Glauben. Wir müssen also immer wieder auf den letzten Grund allen Vertrauens gehen und dürfen uns nicht auf vordergründige Sicherungen verlassen. Ein solcher Glaube muss immer wieder zur letzten Quelle seiner Gewissheit aufbrechen. Darum braucht dieser Glaube in so hohem Maß die Treue. Sonst kann er heute nicht bestehen. Diese Situation kann man nicht bewältigen, wenn man die Bedrohung nicht zur Kenntnis nimmt oder den Kopf in den Sand steckt. Schon die alten Lehrer des geistlichen Lebens sagen, dass man in Zeiten der Gefährdung nicht der Versuchung geistlicher Trägheit nachgeben und in den Anstrengungen nachlassen dürfe, sondern dass man in Zeiten der Anfechtung des Glaubens erst recht fest und beständig zu seinem Entschluss stehen müsse. Auf diese Entschiedenheit des Glaubens kommt es an.

Was heißt dies für unser Leben als Christen? Der Glaubende von heute darf sich noch weniger als je einfach der Laune, dem beliebigen Gutdünken und dem Wind der Zeit überlassen. Wenn er nicht entschieden aus dem Glauben lebt, behält dieser keine prägende Kraft in seinem Dasein. Ausdauer und Geduld sind vonnöten. Uns heutigen Menschen liegen jedoch Beständigkeit und Treue im Kleinen nicht sonderlich. Bei Widerständen werden wir rasch wehleidig. Wir ziehen eher das Spontane und das Augenblickliche, das Improvisierte und das Ungeplante vor. Beständige Treue kommt uns eher als langweiliger

Trott vor. In Wirklichkeit ist die beständige Einübung, gleichsam die unablässige Tuchfühlung, eine elementare Bedingung des Überlebens von Glauben. Wer nicht immer wieder die lebendige Wahrheit des Geistes von innen her erfährt, verliert die Fähigkeit zum Glauben.

Diesen Forderungen steht unser Lebensgefühl entgegen. Wir leben unstetig. Die Lust des Augenblicks steht gegen die Demut der Bindung. Der Mut zum Glauben braucht darum eine hohe Bereitschaft, gegen den Strom unserer modernen Lebensgewohnheiten zu schwimmen. Treue zum Glauben ist notwendig, auch wenn wir nicht immer alles und sofort auf den gewünschten Nenner bringen. Treue ist notwendig, auch wenn wir keine fühlbare Begeisterung kennen, die uns mit leichtem Schwung trägt. Treue ist notwendig, wenn sichtbare Anerkennung in der Öffentlichkeit und allgemeine Zustimmung fehlen. Treue ist notwendig, wenn wir keine hinreißende Begeisterung für die Kirche verspüren, sondern viele sie eher als staubige und müde Pilgerin auf den Straßen der Geschichte erleben mögen. Treue ist notwendig bei unserem täglichen Gebet. Treue ist notwendig für die regelmäßige Feier der Eucharistie am Sonntag. Treue ist notwendig, damit wir von Zeit zu Zeit in Buße und Beichte unser Versagen bekennen und durch die Vergebung Gottes von neuem beginnen dürfen.

So kann der Glaube nur wirken, wenn Treue in ihm lebt. Wer dem Glauben nicht treu ist, verliert ihn bald und hat nur noch die Erinnerung an ihn oder gar leere Hülsen in der Hand. Der Geist Gottes hilft uns trotz aller Schwäche, wenn wir entschieden auf dem Weg des Glaubens vorangehen. Entschiedenheit und Bindung in Treue sind nicht geistlos. Gerade Johannes spricht immer wieder von der Notwendigkeit dieses »Bleibens«: vom Bleiben in Gott, im Sohn, im Vater, im Geist, im Wort, im Licht, in der Lehre, in der Liebe.

Von dieser Treue des Glaubens können wir armseligen Menschen am Ende nur reden, weil Gott selbst uns nicht im Stich lässt. Es reut ihn nicht, dass er sich unser immer wieder annimmt. Seine Treue hängt nicht von uns ab. »Wenn wir untreu sind, bleibt er doch treu, denn er kann sich selbst nicht verleugnen« (2 Tim 2,13). Die Übermacht der Treue Gottes ist für den Glaubenden ein großer Trost. Aus der Erfahrung der eigenen Schwachheit dürfen wir immer wieder den treuen Gott suchen und uns durch seinen Zuspruch aufrichten lassen. Nicht zufällig heißt er in der Heiligen Schrift »der Treue« (1 Kor 1,9). In Jesus Christus ist er uns leibhaftig erschienen und ganz nahe gekommen. Darum kennt Jesus, der »treue Zeuge« des Vaters (vgl. Offb 1,5), den Menschen. Er kann mitfühlen mit unserer Schwäche, er ist in allem wie wir in Versuchung geführt worden, hat aber nicht gesündigt (vgl. Hebr 4,15). So dürfen wir stets auf Jesus blicken, den Urheber und Vollender des Glaubens (vgl. Hebr 12,2).

Das Wissen um diese Treue schenkt dem Glaubenden eine letzte Zuversicht und eine ungeahnte Stärke. Sie geben uns auch die Kraft, treu zu sein bis in den Tod (vgl. Offb 3,10). Dann hat der Glaube sein Ziel erreicht: die vollendete Seligkeit und Ruhe bei Gott.

Ich bitte Sie alle, einzeln und gemeinsam, von Herzen: Suchen Sie von neuem gerade in der österlichen Bußzeit unterwegs mit dem leidenden und erhöhten Herrn diese Treue im Glauben. Tun wir, was wir jetzt vollbringen können. Vielleicht erscheint uns dies als recht wenig und dürftig. Aber die Heiligen lehren uns, dass auch ein winziger Schritt der entscheidende sein könnte.

5 | ZEUGNIS FÜR DEN GLAUBEN

»Ihr sollt meine Zeugen sein.« Vom Sinn und Auftrag des Christseins

Hirtenbrief zur österlichen Busszeit 1996

Im vergangenen Jahr ist in der Kirche unseres Landes viel über die Erneuerung der Kirche und einzelne Reformen in ihr diskutiert und gestritten worden. Die Urteile über die Inhalte gingen weit auseinander. Immerhin war die Auseinandersetzung ein Hinweis darauf, dass die Kirche vielen noch etwas bedeutet und dass um ihren Weg hinein in das dritte Jahrtausend gerungen wird.

Ich habe mich in diesen Auseinandersetzungen mehrfach öffentlich gemeldet und weder das Gespräch noch den Streit gescheut, wenn er zur Klärung notwendig war. Dabei kam es mir vor allem auch darauf an aufzuzeigen, was das Christsein ausmacht. Dies schien mir manchmal in den verschiedenen Reformdebatten beinahe unterzugehen.

Man kann diese Absicht, über Sinn und Auftrag des Christseins heute zu sprechen, auf verschiedene Weise angehen. Ich denke an Glaube und Taufe, Mitgliedschaft in der Kirche und Bekenntnis, gemeinsames Priestertum aller Gläubigen, Kirchesein. Für dieses Hirtenwort habe ich mir einen anderen Zugang gewählt, nämlich der Christ als Zeuge.

I. Was sagt die Bibel zu Zeugnis und Zeugenschaft im Glauben?

Ein Zeuge zu sein oder ein Zeugnis abzugeben, gehört zum Alltag unseres Lebens. Wir denken auch heute noch vielleicht zuerst daran, Zeuge zu sein vor Gericht, bei einem Unfall, aber auch an ein Schulzeugnis oder an ein Abschlusszeugnis beliebiger Art. Wir haben vielleicht auch schon erfahren, in welcher Verlegenheit jemand ist, der keinen Zeugen finden kann, der ihn zum Beispiel entlastet. Eine schlimme Sache sind falsche Zeugen, die wider besseres Wissen Falschaussagen machen.

Die Heilige Schrift kennt dies alles. Das Ablegen eines Zeugnisses ist für das menschliche Leben von großer Bedeutung. In wichtigen Fragen, besonders wenn es um Tod und Leben geht, soll ein einzelner Zeuge nicht ausreichend sein (vgl. Dtn 17,6; 19,15). Falsche Aussagen vor Gericht werden schwer bestraft, meist mit dem Tod (vgl. Dtn 19,16–21). Auch die Psalmen wissen um die Ungerechtigkeit, die aus dem falschen Zeugnis besonders für die Schwachen entsteht (vgl. Ps 27,12). Wer Zeuge ist, hat eine große Verantwortung. Es geht um die Entscheidung über die Wahrheit. Der heilige Paulus spricht in diesem Zusammenhang auch vom »Zeugnis des Gewissens« (2 Kor 1,12; vgl. auch Apg 23,1).

In diesem Zusammenhang erscheint Gott selbst als ein verlässlicher Zeuge. Er nimmt zum Beispiel Dinge wahr, die kein Mensch sieht (vgl. Gen 31,50). Er steht darum als unerschütterlicher Zeuge wider uns auf, wenn wir ein Wort nicht einhalten (vgl. Jer 42,5) oder treulos handeln (vgl. Mal 2,14). Im Gericht tritt Gott als Kläger gegen falsches Zeugnis auf (vgl. Zef 3,8). In diesem Licht erscheint das Zeugnisgeben in seiner ganzen Verantwortung: »Ein verlässlicher Zeuge rettet Leben, wer Lügen zuflüstert, der täuscht« (Spr 14,25).

Schon im Alten Bund gibt es aber auch das Zeugnis der Menschen für Gott und die Erfüllung seines Willens und seiner Weisungen in unserer Welt. Die Menschen sollen in Auseinandersetzung mit anderen Zeugen dafür eintreten – wie in einer Auseinandersetzung vor Gericht –, dass Gott der einzige Retter ist: »Kein fremder Gott ist bei euch gewesen. Ihr seid meine Zeugen – Spruch des Herrn. Ich allein bin Gott; auch künftig werde ich es sein« (Jes 43, 12b.13a). Dabei kommt es auf das ganze Volk Gottes an. Gott verheißt freilich inmitten dieses Volkes einen neuen, ewigen Bund und verspricht dabei einen Heilbringer besonderer Art: »Seht her: Ich habe ihn zum Zeugen für die Völker gemacht, zum Fürsten und Gebieter der Nationen« (Jes 55,4).

Im Neuen Bund erkennt man diesen Zeugen in Jesus Christus. Er ist »der treue Zeuge« (Offb 1,5; 3,14). Er ist deshalb der zuverlässige Zeuge, weil er Gottes Willen getreu übersetzt und in unsere Welt sagt. In ihm erweist sich konkret und leibhaftig, dass Gott ein verlässlicher Zeuge ist (vgl. auch Ps 89,38). Jesus bringt allen Völkern das Zeugnis des Evangeliums (vgl. Mt 24,14). Er hat es jedoch auch sein ganzes Leben lang mit dem Falschzeugnis seiner Gegner zu tun, die ihn so zur Strecke bringen wollen (vgl. Mt 26,59; 27,13; Mk 14,55–59).

Ähnlich stark müssen seine Jünger sein, wenn sie verhört werden und Zeugnis ablegen müssen (vgl. Mt 10,18). Sie müssen an der Wahrheit des Zeugnisses über Jesus festhalten und dürfen sich seiner nicht schämen (vgl. 2 Tim 1,8). Die Jünger sind nicht nur Zeugen der Leiden (vgl. 1 Petr 5,1) und der Auferstehung Jesu Christi (vgl. 1 Kor 15,1–11), sondern sie sollen durch die Kraft des Geistes (vgl. 1 Joh 5,6) überall sein Evangelium ausrichten. Nicht nur die Schar der Apostel, sondern die ganze Kirche soll den Auftrag des Herrn erfüllen: »Ihr werdet die Kraft des Heiligen Geistes empfangen, der auf euch herabkommen wird; und ihr werdet meine Zeugen sein in Jerusalem und in ganz Judäa und Samarien und bis an die Grenzen der Erde« (Apg 1,8). Dieser Auftrag gilt für alle, die glauben, hoffen und lieben (vgl. Apg 4,33; 23,11). Die Jünger sollen Zeugnis geben von einem Gott, der sich im Tod und in der Lebenshingabe Jesu zu ihm bekannt hat und durch seine Auferweckung erwiesen hat, dass dieser Gott im Leben und Sterben Halt gibt. Daraus lebt das Zeugnis der Jünger (vgl. Lk 24,48). Darum fasst der erste Johannesbrief dieses Zeugnis Gottes eindrucksvoll zusammen: »Und das Zeugnis besteht darin, dass Gott uns das ewige Leben gegeben hat; und dieses Leben ist in seinem Sohn. Wer den Sohn hat, hat das Leben; wer den Sohn Gottes nicht hat, hat das Leben nicht« (1 Joh 5,11f.; vgl. auch Joh 1,4; 5, 21–26).

Dieser rasche Durchblick durch den Alten und Neuen Bund ruft auch uns heutigen Christen lebendig in Erinnerung, dass Gott in Jesus Christus der einzig wirklich treue Zeuge unseres Lebens ist und dass wir stets aufgerufen bleiben, in aller Welt Zeugen zu sein für das Evangelium von der unbesieglichen Hoffnung in Gott für alle Menschen.

II. Warum ist Zeugenschaft für den Glauben so wichtig?

Wir haben gesehen, wie wichtig für den Alltag, aber auch für das Leben des Glaubens das Zeugesein ist. Es hat eine eigene Weise, Zugang zur Wirklichkeit zu verschaffen. Zeugenschaft hat wenig zu tun mit der Schlüssigkeit des logischen Denkens, mit der Wahrheit der unmittelbaren Erfahrung oder mit der wissenschaftlichen Deutung dieser Erfahrung. In der Zeugenschaft kommt Wahrheit auf eine eigene Weise zum Vorschein und zur Geltung.

Im Zeugnis tritt der Mensch für etwas ein, was andere nicht in gleicher Weise erfahren können. Der Zeuge bringt etwas zur Sprache, was uns gewöhnlich verborgen ist. Wenn es uns, wie wir sagen, überzeugt, dann können wir es uns auch zu Eigen machen. Je verborgener die im Zeugnis an den Tag gebrachte Wahrheit ist, wie zum Beispiel die Liebe der Menschen untereinander oder die Wirklichkeit Gottes, um so notwendiger bedarf es eines Zeugnisses, das diese Verborgenheit überwindet und die Wahrheit lichtet.

Auf den Zeugen kommt es an. Er tritt ganz und gar, total engagiert für die Wahrheit der Sache oder der Person ein, um die es geht. Der Zeuge spielt nicht mit der Sache, er probiert nicht bloß. Er kann sich nur entschieden und ohne Zweideutigkeit für seine Sache verwenden. Es kommt auf den Zeugen an in seiner Einmaligkeit, seiner Unabhängigkeit und seiner Verbindlichkeit. Wir fordern von ihm ein hohes Maß an Glaubwürdigkeit. Sonst trauen wir ihm nicht. Dieses »Ich« des Zeugen ist wichtig. Darum möchten die Gegner eines bestimmten Zeugnisses den Zeugen selbst als Person vernichten. Es ist darum kein Zufall, dass der Märtyrer das Urbild des Zeugen darstellt, der unter Einsatz seines Lebens und unerschrocken vor Drohungen für die Wahrheit bürgt. Aber es ist wichtig zu sehen, dass es dabei nicht um die Person des Zeugen für sich allein geht. Der Mensch wird nicht Zeuge um seiner selbst willen. Er tritt ganz zurück hinter der Wahrheit, für die er einsteht. Darum gibt es bei jedem Zeugen zwei Dinge, die sonst kaum zusammenpassen: Leidenschaft und Gelassenheit. Der Eifer, mit dem jemand für seine Sache kämpft, hat freilich nichts zu tun mit einem unerleuchteten Fanatismus. Er kann gelassen sein, weil das, was im Zeugnis ans Licht kommt, größer ist und am Ende sich selbst durchsetzen kann.

Ein wirklicher Zeuge hat etwas Unwiderstehliches an sich. So wie der Zeuge alles auf eine Karte setzt, macht er auch alle, die das Zeugnis trifft, betroffen. Ein Zeuge von Rang weckt diejenigen, die es sehen und hören, auf, wirft ein eigenes Licht in ihr Herz und bringt sie neu zu sich selbst. Wir sind – und dies ärgert uns manchmal – gegenüber einem wirklichen Zeugen ein Stück weit ohnmächtig und müssen uns vom Licht der Wahrheit überwältigen lassen. Dies gilt für einen Zeugen und für die bezeugte Sache. Darum ist mancher Zeuge ärgerlich.

Die Diktatoren aller Art möchten ihn darum gerne aus der Welt schaffen. Er stört sie bei ihrem Spiel mit der Macht und den Interessen. Ein echter Zeuge steht immer in Lebensgefahr. Denken wir nur an Johannes den Täufer.

Die Formen dieses Zeugnisses können verschieden sein. Nicht immer stehen das Wort und das Sprechen im Vordergrund. Das gelebte Zeugnis, das keine großen Worte macht, darf nicht gering geschätzt werden. Es gibt Orte in unserer Welt, wo das faktisch gelebte Zeugnis mehr Eindruck und vielleicht auch mehr Glaubwürdigkeit schafft als viele Erklärungen. Ich denke an die stille Hilfe, die jemand einem anderen leistet, an die treue Solidarität kranken und behinderten Menschen gegenüber, an die Verlässlichkeit am Arbeitsplatz und in der Nachbarschaft. Der barmherzige Samariter macht nicht viele Worte, er verbindet zielstrebig die Wunden. Die Kraft zu diesem Zeugnis hängt auch nicht zuerst oder allein ab von einer Ausbildung, sondern hat ihren Grund in einer oft verborgenen Herzensbildung. Wo ein Christ in seinem Beruf unbestechlich ist, Verantwortung übernimmt, sich für die anderen und das Gemeinwohl einsetzt, ist er ein solcher Zeuge. Es kommt vielleicht nicht immer sofort an den Tag, woraus einer lebt. Aber die Menschen spüren bald, dass hier einer die Überzeugung hat: Der Mensch lebt nicht vom Brot allein. Ähnlich ist es auch in der Lebensgemeinschaft von Ehe und Familie. Hier findet im Alltag oft ein wortarmer Austausch des Glaubenszeugnisses statt. Die Zeichen und

Gebärden, zum Beispiel das Reichen der Hand zur Versöhnung nach einem Streit und das Kreuzzeichen, sind ebenso zu nennen wie das gemeinsame Beten bei Tisch oder das besinnliche Gespräch am Abend. Mütter und Väter, die ihrem Kind den Glauben vermitteln und es an ihrer eigenen Hoffnung teilhaben lassen, geben ein wesentliches Zeugnis. Aber auch Kinder können die besten Missionare ihrer Eltern sein, wenn sie zum Beispiel von den religiösen Erfahrungen im Kindergarten zu Hause erzählen, Freude und Zuversicht ausstrahlen und weitere Fragen vorbringen. Ich nenne hier aber auch das heute oft unterschätzte Zeugnis des Christen im öffentlichen Leben, bis hinein in die politische Mitverantwortung in Parteien. Politik ist nicht einfach ein »schmutziges Geschäft«, vor dem man sich in die wirkliche oder auch vermeintliche Sauberkeit des privaten Lebens zurückziehen dürfte, vielmehr ist der Einsatz des Christen in allen Fragen der Gestaltung der Gesellschaft in ganz besonderer Weise herausgefordert. Auch dies kann ein Zeugnis sein, wenn es nicht zuerst um der eigenen Karriere willen oder gar durchsichtiger Interessen wegen ausgeübt wird, sondern wirklich ein Dienst am Ganzen ist. Ein solcher Auftrag wird heute in der Kirche viel zu wenig geschätzt.

Es gibt freilich nicht nur dieses Zeugnis im Alltag unseres Lebens. Es muss auch in solchen Situationen den Mut zum Bekenntnis geben. Wir dürfen nicht verschweigen, wo unsere Hoffnung gründet. Man kann auf die Dauer nicht aus einer Quelle leben, die man stets verleugnet. Darum heißt es in der Heiligen Schrift: »Seid stets bereit, jedem Rede und Antwort zu stehen, der nach der Hoffnung fragt, die euch erfüllt; aber antwortet bescheiden und ehrfürchtig« (1 Petr 3,15b.16a). Der öffentliche Mut zum Bekenntnis gehört in die Mitte des Glaubens. Es gibt viele Übergänge in diesem Zeugnis des Wortes. Dazu gehören Geduld und Takt, aber man darf sie nicht verwechseln mit falscher Scham und Feigheit. Dieses Zeugnis beginnt bereits beim offenen geschwisterlichen Gespräch über den Glauben. Hier tun wir uns immer noch sehr schwer. Aber wie wollen wir anderen Zeugnis geben, wenn wir nicht wenigstens in unseren engsten Lebenskreisen über den Glauben zu sprechen lernen!

Der Glaube braucht Mut zum öffentlichen Bekenntnis wie der Fisch das Wasser. Es ist sicher eine Sache derer, die Verantwortung tragen in der Kirche, ein solches Wort zur rechten Zeit deutlich zu sagen. Auch die Verkündigung und die Glaubensunterweisung aller Spielarten verlangen stets von allen, die von der Kirche zu diesem Dienst bestellt sind, Entschiedenheit und das, was der heilige Paulus »Freimut« *(parrhesia)* nennt. Dies ist nicht nur Zivilcourage, sondern auch Treue zum Evangelium, ob es anderen passt oder nicht.

Es wäre jedoch falsch, hier immer alles von den Amtsträgern zu erwarten. Kirche ist nicht »Amtskirche«. Jeder hat aufgrund von Glaube, Taufe und Firmung eine innere Verpflichtung zum Bekenntnis und auch zum Wort. Dieses öffentliche Zeugnis für den Glauben vonseiten aller Christen fehlt uns heute ganz besonders. Ich denke an Stellungnahmen zum Beispiel für das Leben des ungeborenen Kindes, die Würde von Kranken, Behinderten und Sterbenden, aber auch an die meist schweigende Mehrheit, wenn es um der Freiheit der Kunst und der Medien willen nicht selten um eine Verunglimpfung der Kirche und eine Diskriminierung der Glaubenden geht. Der Glaube darf keine Angst haben vor solchen Einmischungen und Eingriffen in das öffentliche Gespräch. Der Christ als Zeuge darf sich dabei freilich nicht über Unverständnis, Widerstand und vielleicht auch Spott und Hohn wundern.

Erfolg ist im Übrigen kein Stichwort im Wörterbuch christlicher Sendung, obgleich wir uns alle über die Fruchtbarkeit unseres Tuns freuen. Schließlich ist verheißen, dass der Jünger keinen besseren Platz haben wird als der Meister. Die Passion des Herrn wäre umsonst, wenn wir nicht den Mut hätten, mitten in Anfechtungen und Anfeindungen, aber auch in der eigenen Schwäche täglich das Kreuz auf uns zu nehmen. Gott braucht Zeugen, vor allem auch Kreuzträger wie Simon von Cyrene.

Auf dieses Lebenszeugnis des Christen in Wort und Tat kommt es an. Danach wird im Gericht auch einmal unser Leben gewogen. Dies gilt für alle Christen, ob sie Ämter innehaben, Dienste verrichten oder keine solchen haupt- und ehrenamtlichen Aufgaben erfüllen. Hier gibt es keine Dispens. Das Auftragswort des auferstandenen Herrn »Ihr werdet meine Zeugen sein ... bis an die Grenzen der Erde« (Apg 1,8) gilt für alle und für jeden an seinem Ort. Dies ist für den Christen der Platz, an den Gott uns zum Zeugnis hingestellt hat. Hier ist der erste und unersetzliche Ort unserer Bewährung. Zu diesem Zeugnis gehören auch Besinnung und Gebet, Mitfeier des Sonntags und Anbetung, Bereitschaft zum Verzicht und zur Armut, Nachfolge Jesu auch im Leiden und selbstloser Dienst für alle, die uns in der Nähe und in der Ferne brauchen.

Vielleicht halten viele dies für eine Binsenweisheit. Gewiss gehört dies auch zu den elementaren Lern- und Lehrstücken des Glaubens. Aber im öffentlichen Bewusstsein, was Christsein und Kirche ausmachen, und auch in der faktischen Rangordnung heutiger innerkirchlicher Diskussionen ist es nicht so selbstverständlich, dass dieses Lebenszeugnis des Christen vor allen anderen Dingen die Nummer eins ist.

Wir lassen uns oft die Maßstäbe verkehren und reden endlos über Mittel, Werkzeuge und Methoden, aber wenig über das Ziel und den Endzweck von allem. Wir lassen uns anstecken, über Strukturen und institutionelle Probleme der Kirche zu reden, und verlieren nicht selten das christliche Leben aus den Augen, das allen Strukturen vorausgeht und sie nährt. Es ist kein Zufall, dass viele innerhalb und erst recht außerhalb der Kirche darum manchmal den Eindruck gewinnen, wir tanzten um die institutionellen Fassaden und manchmal auch Attrappen wie um ein goldenes Kalb, kreisten um uns selbst und würden das Elementare des biblischen Glaubens nicht mehr genügend wahrnehmen, nämlich über unsere Köpfe und Bedürfnisse hinweg zuerst einmal Salz der Erde und Licht für die Welt zu sein (vgl. Mt 5,13–16).

Ich will keinen Zweifel lassen: Erneuerung der Kirche schließt auch eine Reform von Diensten und Ämtern, Strukturen und institutionellen Merkmalen ein, obgleich es hier sorgfältig zu unterscheiden geboten ist zwischen dem, was veränderungsfähig ist, und dem, was der Kirche von ihrem Herrn aufgetragen und ihr damit vorgegeben ist. Es ist nicht immer leicht, diese wichtige Unterscheidung zur rechten Zeit zu treffen. Sie darf auch nicht einen blanken Unwillen zur Erneuerung verdecken.

Wer jedoch nur auf diese Ebene der Strukturen schaut und sich selbst und sein christliches (oder auch unchristliches) Leben weitgehend aus dieser Reform ausblendet, verfehlt das wirkliche Zeugnis von Glauben, Hoffnung und Liebe. Wer für sich selbst und sein »Herz« keine Veränderungsbereitschaft aufbringt, sich dem Umdenken und damit auch einem »neuen Denken« verschließt, verzerrt das wichtige Wort von der Erneuerung der Kirche. Ich klage niemanden an. Wir kranken alle daran, hier die Maßstäbe auf den Kopf zu stellen.

Dies macht mir Kummer in der Kirche von heute. Es gibt vieles, was den Glauben fördert und der Sendung der Kirche in die heutige Welt hinein hilfreich sein kann. Auch kann manche Kritik, selbst wenn sie überzieht oder gar ungerecht wird, dazu anregen, das Erscheinungsbild der Kirche und ihr inwendiges Leben glaubwürdiger zu gestalten. Darauf kommt es beim Lebenszeugnis aller entscheidend an. Wenn wir jedoch nicht zuerst und in allem dem spirituellen Leben und der Erneuerung des Glaubens Vorrang geben, täuschen wir uns selbst über seine tiefe Krise hinweg. Deshalb müssen alle unsere Reformvorhaben sich fragen lassen, ob sie an dieser Stelle genügend tief ansetzen. Wenn wir in den kommenden Jahren auch stärker sparen müssen, müssen hier die Prioritäten gesucht und gefunden werden: Alles, was das christliche Lebenszeugnis nach innen und nach außen fördert, besitzt eine erste Dringlichkeit.

Manchmal kommt es mir vor, ich säße mit Marta und Maria bei Jesus. Wie Marta sind wir um vieles besorgt, ja sogar unermüdlich beschäftigt. Marta wird nicht deswegen vom Herrn getadelt. Auch ich bin dankbar für vieles, was in der Kirche heute segensreich geschieht. Es muss noch sehr viel mehr bekannt werden. Dennoch bleibt die Frage des Herrn wie ein Stachel in unserer Betriebsamkeit und in unseren Diskussionen bestehen: »Marta, Marta, du machst dir viele Sorgen und Mühen. Aber nur eines ist notwendig. Maria hat das Bessere gewählt, das soll ihr nicht genommen werden« (Lk 10,38–42, besonders V. 41f).

Liebe Schwestern und Brüder, ich wünsche Ihnen und mir selbst, dass wir quer zu allen Gruppierungen und Richtungen in der Kirche von heute, auch in unserem Bistum, darüber nachdenken und über unser Lebenszeugnis als einzelne Christen, Gemeinden, Verbände, Ordensgemeinschaften und als Kirche von Mainz miteinander ins Gespräch kommen.

6 | PILGER SEIN

»Christus gestern, heute, in Ewigkeit: Sein ist die Zeit.« Auf dem Weg in das Heilige Jahr 2000

HIRTENBRIEF ZUR ÖSTERLICHEN BUSSZEIT 1999

Mancher mag es vielleicht gar nicht mehr hören: das Wort vom Heiligen Jahr 2000 oder von der Jahrtausendwende. Gewiss sind wir von vielen anderen Aufgaben, die täglich auf uns zukommen, beansprucht. So hat uns in Mainz auch der Jubiläumskatholikentag in Atem gehalten.

Eine Jahrtausendwende ist und bleibt ein äußerst seltenes Ereignis, an der teilnehmen zu dürfen nicht selbstverständlich ist. Darum soll der Übergang in dieses dritte Jahrtausend aber auch nicht mit einem Sekundenschlag und dem Knallen der Sektkorken wie an jedem Silvesterabend zu Ende sein. Papst Johannes Paul II. hatte mit dem ihm eigenen Spürsinn für wichtige, symbolträchtige Ereignisse schon seit dem Jahr 1994 auf die Bedeutung dieser Zeitenwende hingewiesen und für die Jahre 1997 bis 2000 zentrale Themen für einen Glaubensweg vorgeschlagen. Jedes Jahr trug beziehungsweise trägt ein eigenes Gesicht: *Jesus Christus – das menschliche Antlitz Gottes (1997), Gottes Geist in der Welt (1998), Gott der Vater aller Menschen (1999)* und *Der dreifaltige Gott (2000)*. Dieser geistliche Weg der Glaubenserneuerung ist zugleich mit einer Wiederentdeckung der Kraft der Sakramente verbunden. An Weihnachten des Jahres 1999 wird der Papst das eigentliche Jubiläumsjahr eröffnen, besonders durch die Öffnung der Heiligen Pforte, wie dies zum Beginn jedes Heiligen Jahres geschieht. Die Feier des Heiligen Jahres gibt es in immer wieder veränderter Gestalt seit der Jahrhundertwende von 1300 und ist mit einer Pilgerfahrt zu den Hauptkirchen Roms verbunden …

Die Feier des Jahres 2000 erinnert uns zunächst an unsere Zeitrechnung. Es ist ein menschliches Urbedürfnis, sich in der Zeit zu orientieren. Darum erscheint uns auch die Zeitrechnung als das Selbstverständlichste der Welt. Dies ist aber keineswegs so. Es gab immer auch Gegenentwürfe, nicht zuletzt sogar Gegenkalender. Unser Zeitverständnis wird nach vorwärts und rückwärts an der Geburt Jesu Christi orientiert. Unser Kalender ist jedoch in vieler Hinsicht so selbstverständlich geworden, dass wir an den wahren Ursprung nicht mehr denken. Für uns Christen ist es gut, wieder neu daran zu erinnern, dass das Kommen Jesu Christi in unsere Welt der Dreh- und Angelpunkt unserer Geschichte ist. Die Heilige Schrift nennt die Menschwerdung Jesu Christi »die Fülle der Zeit« (Gal 4,4). Schon das Judentum wartete in der Erfahrung vieler Bedrückungen auf eine Vollendung der Zeit, in der Sehnsüchte und Verheißungen erfüllt werden sollten.

In dieser Fülle der Zeit wird die Geschichte nicht einfach aufgehoben, aber sie ist auch kein bloßes, natürliches Kalenderdatum. Vielmehr ist es das freie und unberechenbare Geschenk Gottes, dass er in einer einmaligen geschichtlichen Tat seinen Sohn in die Welt sandte, um uns zu befreien und zu erlösen. Dieses Datum ist allein in Gottes Hand. Es zeigt auch, dass Gott nach rückwärts und vorwärts der Herr der Welt und aller Zeit ist. So kann der Brief an die Hebräer schon früh bekennen: »Jesus Christus ist derselbe gestern, heute und in Ewigkeit« (Hebr 13,8).

Das Heilige Jahr erinnert die Christen daran, dass Jesus Christus der einzige und einzigartige Erlöser ist, der der Welt ein für alle Mal Heil und Versöhnung gebracht hat. Dies ist nach wie vor auch heute eine große Herausforderung. Denn bei aller Toleranz und Religionsfreiheit sowie in der Hoffnung auf das Heil für alle Menschen stehen die Religionen doch nicht gleichgültig nebeneinander. Jesus ist die wahre Neuheit, über die hinaus nichts wirklich anderes und Größeres kommen kann. Der Epheserbrief sagt es auf seine Weise von Gott: »Er hat beschlossen, die Fülle der Zeiten heraufzuführen, in Christus alles zu vereinen, alles, was im Himmel und auf Erden ist« (Eph 1,10).

II. Erneuerung des Glaubens und des Menschen auf dem Pilgerweg der Geschichte

Der Glaubensweg führt nicht auf Nebensächlichkeiten, sondern auch hier wiederum in das Zentrum und in die Fülle. Der Heilige Vater führt uns zum Beispiel über eine tiefere Kenntnis Jesu Christi, des Geistes und Gott Vaters zum reichen Geheimnis des dreifaltigen Gottes. Zu diesem Geheimnis führen uns auch die Sakramente der Taufe, Firmung und Eucharistie, der Vergebung der Sünden und der Salbung der Kranken sowie der Priesterweihe und der christlichen Ehe.

Im Kern ist das Heilige Jahr von Anfang an eine Zeit des Rufes zur Umkehr. Die erste Predigt Jesu lautet darum nicht zufällig: »Die Zeit ist erfüllt, das Reich Gottes ist nahe. Kehrt um und glaubt an das Evangelium!« (Mk 1,15). Die Feier eines Heiligen Jahres ist keine Gelegenheit zu einem Triumphalismus des christlichen Glaubens. »Das Sich-Erfüllen der Zeit Gottes setzt sich in den Aufruf zur Umkehr um. Diese aber ist vor allem Frucht der Gnade. Der Geist ist es, der jeden dazu drängt, in sich zu gehen und zu merken, dass er zum Haus des Vaters zurückkehren muss (vgl. Lk 15,17–20). Die Gewissenserforschung ist also einer der bedeutsamsten Vorgänge der persönlichen Existenz, denn durch sie wird jeder Mensch mit der Wahrheit des eigenen Lebens konfrontiert. So entdeckt er, wie weit seine Handlungen von dem Ideal entfernt sind, das er sich zuvor gesteckt hat« (Papst Johannes Paul II., »Incarnationis mysterium«, Nr. 11).

Dies betrifft nicht nur den Einzelnen. Die Zeit der Umkehr gilt für die Kirche im Ganzen. Der Heilige Vater denkt hier auch daran, dass die Gemeinschaft des Glaubens selbst schuldig geworden ist und dies demütig bekennen muss. So schreibt er: »Da ist vor allem das Zeichen der Reinigung des Gedächtnisses: Es verlangt von allen einen mutigen Akt der Demut, nämlich die Verfehlungen zuzugeben, die von denen begangen wurden, die den Namen Christen trugen und tragen« (»Incarnationis mysterium«, Nr. 11). Gewiss hat die Kirche viele ausgezeichnete Frauen und Männer, die wir wegen ihrer Untadeligkeit Heilige und Selige nennen, dazu gehört auch die unendliche Schar derer, die ihr Leben in den Augen Gottes geglückt vollenden durften. Der Papst fährt jedoch unbeirrt fort: »Man muss jedoch eingestehen, dass die Geschichte auch viele Ereignisse verzeichnet, die ein Antizeugnis gegenüber dem Christentum darstellen. Wegen jenes Bandes, das uns im mystischen Leib miteinander vereint, tragen wir alle die Last der Irrtümer und der Schuld derer, die uns vorausgegangen sind, auch wenn wir keine persönliche Verantwortung dafür haben und nicht den Richterspruch Gottes, der allein die Herzen kennt, ersetzen wollen. Aber auch wir haben als Söhne und Töchter der Kirche gesündigt ... Unsere Sünde hat das Wirken des Geistes im Herzen vieler Menschen behindert. Unser schwacher Glaube hat viele der Gleichgültigkeit verfallen lassen und von einer echten Begegnung mit Christus abgehalten« (»Incarnationis mysterium«, Nr. 11). Der Papst fordert, dass die Kirche »in diesem Jahr der Barmherzigkeit vor Gott niederkniet und von ihm Vergebung für die Sünden ihrer Kinder aus Vergangenheit und Gegenwart erfleht« (Nr. 11).

Wir reden viel über ein neues Verständnis von Rechtfertigung, die wir nun als Christen stärker gemeinsam bekennen können. Hier ist ein großes Zeugnis des Papstes in unseren Tagen, das uns hilft, die Gnade Gottes neu zu entdecken. Der Papst selbst hat während seines über zwanzigjährigen Dienstes die unverdiente Heiligkeit der Kirche in vielen Glaubenszeugnissen gepriesen, aber auch nicht gezögert, die Schuld der Kirche bei manchen Verfehlungen klar zu bekennen.

Dafür gibt es viele Bilder und Symbole, die das Gemeinte konkret und überzeugend veranschaulichen. Immer wieder spricht der Papst von dem ihm besonders nahen Gleichnis vom verlorenen Sohn und dem barmherzigen Vater (vgl. Lk 15,11–32). Die großen Künstler haben uns immer wieder dieses bewegende Bild neu geschenkt. Da ist die Rede von der pilgernden Kirche und überhaupt vom Menschen als dem Wanderer zwischen zwei Welten. Bei einer Jahrtausendwende spürt der Mensch viel stärker das Geschenk seines Lebens, das fortwährend unterwegs ist, sich wandelt und doch dasselbe bleibt. Der Pilger weiß immer auch um Irrwege und Abwege, erfährt aber auch die Freude der Ankunft am Ziel einer langen Wanderung. Darum spricht der Papst in diesem Zusammenhang immer wieder von der Notwendigkeit der Erneuerung von Buße und Beichte – zweifellos eine der wichtigsten Aufgaben für die Seelsorge der Gegenwart und der nächsten Zukunft. Die vielen Mühen, die wir mit Recht in der Gemeindekatechese auf die Hinführung von Kindern und Jugendlichen zu den Sakramenten der Erstkommunion und der Firmung verwendet haben, müssen wir im Blick auf Versöhnung, Buße und Beichte in ähnlicher Weise zum Einsatz bringen. Das Öffnen der Heiligen Pforte in den großen Basiliken Roms (St. Peter, St. Johannes im Lateran, St. Maria Maggiore und St. Paul vor den Mauern) ist mit dem tiefen Bild der Bibel vom Eingang und besonders Zugang zu Jesus Christus verbunden: »Ich bin die Tür« (Joh 10,7.9). Auf Jesus Christus hin allein lässt sich das Psalmwort im vollen Sinne erschließen: »Das ist das Tor zum Herrn, nur Gerechte treten hier ein« (Ps 118,20; vgl. auch Jes 49,9f; Ez 34,12–15). Das Überschreiten der Schwelle dieser Türe bedeutet für den Christen damit auch Entschiedenheit und Klarheit im Bekenntnis, ohne dass dies mit irgendwelchen Formen von Fanatismus verwechselt werden darf.

In diesen Zusammenhang gehört für den katholischen Christen und für die Feier des Heiligen Jahres seit alter Zeit der Ablass ... Ohne den Kontext von Vergebung der Schuld, Versöhnung durch Gott und Verantwortung aller füreinander hat die Rede vom Ablass wenig Sinn. Er ist nicht schon deshalb abzulehnen, weil er am Vorabend der Reformationszeit besonders missbraucht wurde. Freilich gehört auch dieser Missbrauch zu den schon genannten Verfehlungen, die die Kirche zu bekennen hat. In Mainz denken wir an den Mainzer Erzbischof Albrecht Kardinal von Brandenburg, an dessen Verhalten Luthers Einspruch sich besonders entzündete. Aber auch hier gilt ein altes Sprichwort: Der Missbrauch schließt den guten Brauch einer Sache nicht aus. Der Ablass gewährt selbstverständlich keine Vergebung der Sünden, aber er mindert den verbliebenen Rest, gleichsam die Überbleibsel, die als Folge der Sünde auch vom erlösten Menschen innerlich abgebaut werden müssen (dies ist der Sinn der Rede von den »zeitlichen Sündenstrafen«). Die Kirche kann hier Anteil an einem »Schatz« geben, der vor allem von der Erlösung durch Jesus Christus und dann in Folge auch durch die geistlichen Früchte des Lebens vieler heiliger Menschen (»Verdienste«) gebildet wird. Nichts anderes ist der Ablass. Dazu kann im Kern heute auch ein evangelischer Christ Zugang finden. Aber heute sagen wir mit Papst Paul VI., dass die Christen eine »heilige und rechte Freiheit der Söhne Gottes« haben, für sich zu entscheiden, ob sie von der Möglichkeit des Ablasses Gebrauch machen wollen. Wer aber möchte auf eine solche Hilfe zu Umkehr und Buße leichtfertig verzichten? (vgl. Paul VI., Apostolische Konstitution »Indulgentiarum Doctrina« vom 1. Januar 1967, Nr. 11, und das Handbuch der Ablässe, Bonn 1989, hier auch die genannte Instruktion, 69–93, bes. 78).

III. Befreiung von Lasten: Internationale Verschuldung und »Erlassjahr«

Versöhnung und Vergebung sind für die Bibel, aber auch für die Tradition der Kirche nicht nur eine Forderung an den Einzelnen. Im Alten Testament gibt es die Regelungen des so genannten Sabbatjahres und des Jobeljahres (vgl. Lev 25,1–13). Dabei spielt die Siebenzahl eine Rolle. Alle sieben Jahre soll das Land im Anschluss an die Ruhe am Sabbat brach bleiben. Die Erde soll nicht erschöpft oder gar ausgebeutet werden. Diese Ruhe für die Kreatur gibt uns auch heute angesichts unserer Umweltprobleme genug zu denken.

Neben diesem Sabbat- oder auch Brachjahr gab es aber auch, nun im Abstand von 50 Jahren, das Jobeljahr, das mit dem Erklingen des Widderhorns (»Jobel«) begann. Später hat man aus dem Jobel- ein Jubeljahr gemacht. In diesem Jobeljahr sollen die Gefangenen freigelassen werden, die Schulden getilgt und der Boden den ursprünglichen Eigentümern wieder zurückgegeben werden. Im Hintergrund steht die Überzeugung, dass das Land ohnehin nicht dem Menschen, sondern Gott gehört. Es sind zwei Elemente, die für ein solches »Erlassjahr« wichtig sind: Ein jeder soll zu seinem Besitz und Eigentum sowie zu seiner Familie beziehungsweise Sippe zurückkehren. Grundbesitz und Geborgenheit in der Großfamilie waren in sozialer und wirtschaftlicher Hinsicht so etwas wie Freiheit. Sie geben Heimat im ursprünglichen Sinn. Jedes Jobeljahr war eine solche »Lastenbefreiung«. Es will in einer ganz außergewöhnlichen Weise Freiheit und Gleichheit unter den Menschen wieder herstellen. Es geht also nicht um die Aufhebung einzelner kleinerer Ungerechtigkeiten, vielmehr müssen Freiheit und Gleichheit immer wieder grundlegend hergestellt werden.

Diese Forderung hat gewiss etwas mit ungleicher Land- und Güterverteilung, Bodenverlust, Verarmung und Versklavung zu tun, hat aber als institutionelle Regelung im Alten Testament (vgl. Neh 5) und im frühen Judentum nur ein geringes Echo hinterlassen. Dies muss vorsichtig machen bei jedem Versuch einer unmittelbaren Übertragung in unsere Gegenwart, wenn wir uns heute im Blick auf das Heilige Jahr an diesen alten Traditionen neu zu orientieren versuchen. Sie dürfen aber auch nicht so gedeutet werden, als ob es sich nur um fiktive Visionen oder rein endzeitliche Aussagen handeln würde (vgl. auch Jes 61,1; 34,8; 63,4).

Im Zusammenhang der internationalen Verschuldung vor allem der Entwicklungsländer sehen die Kirchen heute von diesen alttestamentlichen Forderungen her Anstöße, um die Schuldenkrise als ethische Herausforderung zu bewältigen: Arme Länder müssen einen großen Teil ihrer Mittel für die Zahlung von Auslandsschulden aufwenden; dadurch sind sie häufig nicht in der Lage, ihren Bürgern ein menschenwürdiges Leben, Nahrung, Wohnung, Bildung und Arbeit zu sichern. So treten die Kirchen und viele gesellschaftliche Gruppen dafür ein, die Schuldenlast der Entwicklungsländer zu verringern und ihre strukturellen Ursachen sowie ihre bedrohlichen Auswirkungen in der Weltwirtschaft zu beseitigen. Papst Johannes Paul II. selbst hat nicht wenige Male, gerade im Zusammenhang des Jahres 2000, eine solche Forderung erhoben: »So werden sich, im Geist des Buches Levitikus (25,8–28), die Christen zur Stimme aller Armen der Welt machen müssen, indem sie das Jubeljahr als eine passende Zeit hinstellen, um unter anderem an eine Überprüfung, wenn nicht überhaupt an einen erheblichen Erlass der internationalen Schulden zu denken, die auf dem Geschick vieler Nationen lasten« (Apostolisches Schreiben »Tertio millenio adveniente« vom 10. November 1994, Nr. 50).

Im Zusammenhang eines solchen Hirtenwortes kann diese umfassende Frage, zu deren verantwortlicher Behandlung auch ein großer ökonomischer Sachverstand gehört, nicht ausreichend behandelt werden. Aber es ist ein wichtiger Anstoß, den die Christen im Hinblick auf das Jahr 2000 aufnehmen sollten. Dafür gibt es zum Beispiel auch Kampagnen mit Unterschriftensammlungen unter dem Titel »Erlassjahr 2000«. Da die verantwortlichen Politiker der großen Industrienationen (»G 8-Gipfel«) im Juni (1999) in Köln zusammenkommen, wird diese Forderung besonders dringlich. In diesem Zusammenhang darf man jedoch nicht vergessen, dass viele Staaten und Finanzinstitute, die Kredite gegeben haben, schon seit längerem einen zum Teil erheblichen Schuldenerlass durchgeführt haben. Man muss hier auf eine billige Schwarzweißmalerei verzichten und sehr konkret an Einzellösungen arbeiten.

Das Erlassjahr gehört in diesem Sinne mitten in die Verkündigung des Evangeliums in der Fülle der Zeit, also besonders auch in das Heilige Jahr. Es ist nicht zufällig, dass die erste Predigt Jesu von Nazaret mit dem Ruf zur Umkehr auch das Erlassjahr aufnimmt, indem er den bekannten Text aus dem Buch des Propheten Jesaja aufgreift: »Der Geist des Herrn ruht auf mir; denn der Herr hat mich gesalbt. Er hat mich gesandt, damit ich den Armen eine gute Nachricht bringe; damit ich den Gefangenen die Entlassung verkünde und den Blinden das Augenlicht; damit ich die Zerschlagenen in Freiheit setze und ein Gnadenjahr des Herrn ausrufe« (Lk 4,18f; vgl. Jes 61,1f). Der weitere Zusammenhang dieses Wortes zeigt dabei, dass hier die alte Heilsbotschaft nochmals radikal vertieft und erneuert wird, ähnlich, wie es uns auch im Gebet des Herrn überliefert und vertraut ist: »Vater, dein Name werde geheiligt. Dein Reich komme. Gib uns täglich das Brot, das wir brauchen. Und erlass uns unsere Sünden (Mt: Schulden); denn auch wir erlassen jedem, was er uns schuldig ist. Und führe uns nicht in Versuchung« (Lk 11,2ff; Mt 6,9–13).

Dies ist nur ein kurzer Hinweis auf die Fülle der Anregungen, die uns auf dem Weg zum Jahr 2000 gegeben werden. Sie führen nicht in irgendein gesellschaftliches Abseits, sondern treffen in die Mitte des christlichen Glaubens. Es geht dabei nicht in erster Linie um möglichst viele Sonderaktionen, sondern darum, ein in der Zahl seiner Monate und Tage gewöhnliches Jahr besonders intensiv zu erleben und in außergewöhnlicher Weise zu feiern …

Ich bitte Sie herzlich um Ihr aufgeschlossenes Interesse und um Ihre fruchtbare Mitarbeit. Wir dürfen diese Chance zur Erneuerung des Glaubens und der Kirche nicht verpassen.

Papst Johannes Paul II. hat (nach Erscheinen dieses Hirtenbriefes) am 12. März 2000 in St. Peter in Rom ein in dieser Form bisher einmaliges Schuldbekenntnis für die Kirche abgelegt; vgl. Internationale Theologische Kommission, Erinnern und Versöhnen. Die Kirche und die Verfehlungen in ihrer Vergangenheit. Johannes Paul II., Ansprache und Vergebungsbitten. Herausgegeben, übertragen und eingeleitet von Gerhard Ludwig Müller (Neue Kriterien 2), Johannes Verlag Einsiedeln/Freiburg ³2000. Text des päpstlichen Schuldbekenntnisses auf S. 120–128.

7 | FREIHEIT AUS GNADE

Frei aus Gnade. Brief an die Gemeinden zur ökumenischen Vereinbarung über die Rechtfertigungslehre

HIRTENBRIEF ZUR ÖSTERLICHEN BUSSZEIT 2000

Am 31. Oktober 1999 haben in Augsburg hohe Verantwortliche des Lutherischen Weltbundes und der katholischen Kirche eine »Gemeinsame Erklärung zur Rechtfertigungslehre« verbindlich unterzeichnet. Es war ein denkwürdiger Tag, den man in der rasanten Entwicklung unserer Mediengesellschaft, in der auch wichtige Dinge schnell vergessen werden können, in lebendiger Erinnerung behalten sollte. An einem 31. Oktober, nämlich des Jahres 1517, hatte Martin Luther seine 95 Thesen gegen den Umgang mit dem Ablass veröffentlicht. In Mainz kann uns dies auch deswegen nicht gleichgültig sein, weil sie vor allem an die Adresse des damaligen Erzbischofs von Mainz, Albrecht Kardinal von Brandenburg, gerichtet waren, der durch seine Ablass-Praxis mittelbar zum Ausbruch der Reformation beitrug. Sein Denkmal im Dom erinnert uns an ihn. Augsburg ist schließlich die Stadt, die für die Reformationszeit als ein besonderes Symbol für Entzweiung, Versöhnungsversuche und Friedensausgleich zwischen den christlichen Kirchen steht.

Die Lehre von der Rechtfertigung hatte für die Reformation zentrale Bedeutung. In ihr lag aus reformatorischer Sicht die Mitte des Glaubens. Der Streit um die Rechtfertigungslehre war bis in unsere Zeit hinein darum stets so leidenschaftlich und heftig, weil sie auch Konsequenzen für die Frage der praktischen Lebensführung der Christen sowie für den Stellenwert der Kirche samt ihren Ämtern hatte. Wenn es gelingen sollte, an diesem Angelpunkt der Trennung näher

Absender

Vor- und Zuname

Straße/Nr.

PLZ/Ort

Telefon

E-Mail*

* Bitte eintragen, wenn Sie auch per E-Mail Informationen wünschen.

Bitte ausreichend frankieren.

Antwortkarte

Verlag

HERDER

D-79090 Freiburg

zusammenzukommen und sich gar zu verständigen, wäre dies gewiss ein entscheidender Schritt zur Überwindung der Kirchenspaltung. Die Vereinbarung von Augsburg ist ein solcher Mark- und Meilenstein. Deshalb möchte ich die Gemeinden und die einzelnen Mitchristen zur Besinnung darüber einladen.

I. Worum geht es?

Die Wörter »Rechtfertigung« und »Rechtfertigungslehre« sind den meisten fremd und stoßen eher ab. Dennoch geht es hier um das Zentrum des Glaubens: Wie kann der Mensch, der sündig und gottlos ist, vor Gott gerecht werden und damit das Heil erlangen? Wie kann sich der Mensch aus seinen auswegslosen Verlorenheiten lösen und zu einem versöhnten und befreiten Leben finden? »Rechtfertigung« ist in der Bibel einer der Begriffe für dieses Ziel. Die Heilige Schrift gebraucht dafür jedoch auch noch Worte wie zum Beispiel »Befreiung zur Freiheit«, »Frieden mit Gott«, »neue Schöpfung« und »Heiligung in Christus Jesus«. Nichts anderes ist auch mit »Evangelium« oder »neuem, ewigem Leben« gemeint.

Deswegen ist die Botschaft von der Rechtfertigung keine überflüssige Lehre von gestern, sondern trifft auch heute die Menschen ins Herz. Wir können bei aller Anstrengung den wahren Sinn des Lebens, der auch in Not und Tod noch Halt geben kann, nicht von uns aus schaffen. Wir zerbrechen auch immer wieder an der Aufarbeitung vergangener Schuld und brauchen schließlich eine Vergebung, die uns nur von außen geschenkt werden kann. Wir Menschen sind ja stets in der Gefahr, uns endlos mit vielen Finessen selbst zu rechtfertigen. Von Natur aus herrschen in uns eine unverbesserliche Selbstgerechtigkeit und der oft übersteigerte Wahn, alles selbst und alles besser machen zu können. Mit einer solchen Einstellung sind wir auch nicht in der Lage, wirklich für die Armen, Schwachen und Verlorenen einzutreten.

Die Antwort des Glaubens sagt uns, dass wir nicht uns selbst retten können, sondern dass uns nur Gott allein im Geschenk des Glaubens befreien und versöhnen kann. Der heilige Paulus hat dafür das Wort von der Rechtfertigung bevorzugt. Nur durch die Gerechtigkeit Gottes gibt es Rechtfertigung des Menschen. In diesem Wort sind drei besondere Akzente gesetzt: Es geht erstens um die alleinige Initiative Gottes und nicht um unser Tun; zweitens ist Gottes Zuwendung an keine Voraussetzung gebunden, sie ist bedingungslos und reine Gnade; drittens kann der gottferne Mensch diese neue Gerechtigkeit allein im Glauben empfangen.

II. Wie wir trotz aller Trennung doch zusammenfinden können

In dieser Zusammenfassung können wir heute eine grundsätzliche Einigung erzielen. Dieses gemeinsame Fundament vor allem der Heiligen Schrift haben wir nach langen Vorbereitungen durch die Theologie und die ökumenischen Gespräche der letzten Jahrzehnte wiedergefunden.

Dies war nicht immer so. Die Vielfalt der Schriftaussagen mit ihren verschiedenen Tönen und nicht zuletzt der leidenschaftliche, ja manchmal geradezu verbitterte Streit um ihren Sinn haben zu damals offenbar unvermeidbaren Entzweiungen geführt: Wenn Rechtfertigung allein von Gott ausgeht und der Mensch gar nichts dazu tun kann, welchen Stellenwert hat dann überhaupt noch der Mensch mit seinem Bemühen um ein moralisch gutes Leben? Das Wort von der »Mitwirkung« des Menschen an seinem Heil kann sich hier nahelegen, hat aber zu fast unausrottbaren Missverständnissen geführt. Und weiter: Wenn Rechtfertigung von Gott allein durch den Glauben des Einzelnen kommt, welche Aufgabe hat dabei dann die Kirche? Immer wieder geht es um das Problem, wie der Mensch grundlegend und wirklich erneuert werden kann, ohne dass der Anschein entsteht, die Gnade Gottes würde einfach zu einer Art »Besitz« des Menschen.

Hier sind offensichtlich verschiedene Zugänge und Sprechweisen im Spiel. Sie haben in der jeweiligen kirchlichen Überlieferung auch verschiedene Entfaltungen zur Folge gehabt. Man spürt dies zum Beispiel beim Gebrauch von Worten wie »Sünde«, »Anfechtung«, »Werke« und »Verdienste«. Was dabei zwischen Katholiken und Lutheranern oft als Gegensatz empfunden wurde – zum Beispiel das Verhältnis von »Glauben und Werken« – muss sich jedoch nicht in jedem Fall ausschließen, sondern kann sich durchaus ergänzen. Freilich gibt es auch heute noch einige nicht ausreichend bewältigte inhaltliche Unterschiede. In welchem Sinn zum Beispiel ist der Christ »gerecht und Sünder zugleich«?

Diese Fragen sind nicht so leicht zu verstehen. Darum braucht es viel Rücksicht aufeinander. Schließlich geht es in diesen grundlegenden Fragen des Glaubens um das Verständnis des Christseins, nicht zuletzt des Heils überhaupt. Viele Christen der vergangenen Jahrhunderte haben in diesem Bekenntnis ihres Glaubens Haus und Hof, Heimat und Leben verloren. Es geht nicht um eine Wortklauberei. Darum wird die Übereinstimmung auch deutlich eingegrenzt auf einen »Konsens in Grundwahrheiten der Rechtfertigungslehre«, allerdings nicht in allen Grundwahrheiten. So urteilt die in Augsburg unterzeichnete Gemeinsame Erklärung auch nicht genauer über die einzelnen Entfaltungen der Rechtfertigungslehre in der katholischen Kirche und in den lutherischen Kirchen. Es wurde jedoch erfreulicherweise ein gemeinsames Verständnis erreicht, mit dem wir die Positionen des Partners in einem neuen Licht sehen können und nicht mehr als kirchentrennend verurteilen müssen. So kommt es zu der gemeinsamen offiziellen Feststellung, »dass die früheren gegenseitigen Lehrverurteilungen die Lehre der Dialogpartner, wie sie in der Gemeinsamen Erklärung dargelegt wird, nicht treffen«.

Auch wenn damit noch nicht alle Probleme für eine Überwindung der Kirchenspaltung gelöst sind, so ist diese grundlegende Feststellung an dem Punkt, wo die Reformation theologisch gleichsam explodierte, ungemein befreiend. Es ist wirklich ein neuer, entscheidender Schritt, den man in seiner Bedeutung nicht unterschätzen darf.

III. Was bringt die neu gefundene Übereinstimmung?

Der Weg zu diesem gemeinsamen Verständnis und auch die Aufnahme der Erklärung in den einzelnen Kirchen waren nicht einfach. Manchem ging die Einigung noch nicht weit genug. Man verlangte als Konsequenz besonders von der katholischen Seite vor allem die Gewährung eucharistischer Gastfreundschaft. Andere hatten Sorge, die Darstellung des gemeinsamen Verständnisses erreiche nicht die Tiefe vor allem der lutherischen Rechtfertigungslehre. Man gefährde dadurch das Herzstück im lutherischen Erbe und damit auch die eigene Identität als einzelner Christ und als Kirche.

Die Gemeinsame Erklärung macht selbst darauf aufmerksam, dass es »noch Fragen von unterschiedlichem Gewicht gibt, die weiterer Erklärung bedürfen: Sie betreffen unter anderem das Verhältnis von Wort Gottes und kirchlicher Lehre sowie die Lehre von der Kirche, von der Autorität in ihr, von ihrer Einheit, vom Amt und von den Sakramenten, schließlich von der Beziehung zwischen Rechtfertigung und Sozialethik«. Das sind gewiss noch schwierige Aufgaben, die uns alles abverlangen. Aber auch dafür gibt es schon viele vorbereitende Gespräche und Texte. Die reformatorische Seite drängt darauf, dass die Rechtfertigungslehre für alle diese Probleme ein »unverzichtbares Kriterium ist, das die gesamte Lehre und Praxis der Kirche unablässig auf Christus hin orientieren will«. Die Katholiken wiederum bringen hier besorgt in Erinnerung, dass die besondere Stellung der Rechtfertigungsbotschaft im Blick auf die Fülle der Glaubensaussagen, wie sie vor allem im Credo und im Gesamtzeugnis der Kirche zum Ausdruck kommt, nicht verengend wirken darf.

Es ist verständlich, dass der Christ im Alltag des Lebens – der ja kein Fachtheologe sein muss – von der Frage bewegt wird, was dies denn alles nun praktisch bringe und bewege. Es ist wohl deutlich geworden, dass daraus noch nicht von selbst schon die Gewährung eucharistischer Gastfreundschaft folgt. Ich weiß, dass dies vor allem für die konfessionsverschiedenen Paare schmerzlich ist. Seitdem ich selbst, nämlich seit mehr als 30 Jahren, ökumenische Theologie betreibe, bin ich stets von der Sorge um die Not vieler Partner in diesen Ehen bewegt und motiviert, denn sie müssen ohne jede geringste Schuld im intimsten menschlichen Lebensbereich an den Folgen der Kirchenspaltung leiden. Ich verstehe darum durchaus drängende Ungeduld. Aber wir dürfen auch nicht an den wichtigen Aufgaben achtlos vorbeieilen, die wir mit allen Kräften noch in Angriff nehmen müssen. Wir haben jetzt schon so viel erreicht, dass wir die Kraft zu aktiver Geduld aufbringen sollten, um die letzten Hindernisse glaubwürdig zu überwinden.

Vor allem ist es nicht förderlich, wenn wir die jetzt erreichte fundamentale Einigung über die Rechtfertigungslehre nur abhaken würden und uns zu weiteren Forderungen jagen lassen. Dazu gehört vor allem die Gemeinschaft in der Eucharistie. Im Gegenteil, je mehr wir die mühsam erreichte, noch verletzliche und genauer zu entfaltende gemeinsame Verständigung über das Fundament des Christ- und Kircheseins festigen und vertiefen, umso mehr machen wir auch echte Fortschritte zur weiteren Einheit. Das Herrenmahl steht für uns Katholiken in einem engen Bezug zur Gemeinschaft der Kirche; die Eucharistie ist darum nicht nur eine einzelne Wegstation und ein Teilziel, sondern so etwas wie ein Schlussakkord aller Bemühungen um sichtbare kirchliche Einheit. Schon die frühen Kirchenväter sagen, die Taufe sei Eingang und Tor zum Heil, die Eucharistie aber seine Vollendung. Auf diesem Weg sind wir. Jede Etappe ist wichtig.

Liebe Schwestern und Brüder, ich weiß, dass dies für viele noch nicht zufrieden stellend ist oder sogar als Zumutung empfunden wird. Den einen geht es zu langsam, die anderen haben überhaupt Misstrauen. Ich bitte jedoch um Ihr Vertrauen für diesen Weg von Theologie und Kirche. Dazu gehört, dass wir uns in Predigt und Verkündigung, Religionsunterricht und Erwachsenenbildung um tiefere Einsichten in diese Gemeinsame Erklärung mühen. Es lohnt sich, weil wir dadurch auch unseren eigenen Glauben intensiver entdecken. Vor allem aber können wir nur so das Gebot des Herrn erfüllen: »Alle sollen eins sein: Wie du, Vater, in mir bist und ich in dir bin, sollen auch sie in uns sein, damit die Welt glaubt, dass du mich gesandt hast« (Joh 17,21).

8 | ZUR HOFFNUNG GERUFEN

»... So wie auch ihr gerufen seid zu einer Hoffnung.« Brief an die Gemeinden über die Würde der christlichen Berufung

HIRTENBRIEF ZUR ÖSTERLICHEN BUSSZEIT 2001

Das Wort Berufung wird heute eher im eingeschränkten Sinn gebraucht. Wir sprechen vor allem von den Berufungen zu verschiedenen Diensten und besonders Ämtern in der Kirche. In einer Zeit fehlenden Priesternachwuchses wird die Frage dringlicher, was wir als Kirche und als Einzelne dafür tun können. »Pastoral der Berufungen« ist ein geläufiger Titel für das Gesamt dieser Bemühungen, junge Menschen für kirchliche und geistliche Berufe zu gewinnen. Es geht dabei um Gemeindereferentinnen/referenten und Pastoralreferentinnen/referenten, Ständige Diakone und Priester sowie um weibliche und männliche Ordensangehörige, geistliche Gemeinschaften und Säkularinstitute. Muss man aber nicht zurück zu dem, was ursprünglich gemeint ist mit dem Wort Berufung?

I. Berufung als schöpferisches Ereignis

Jesus ruft die Jünger, die bei ihm sein und mitarbeiten sollen. Das Zulaufen und bloße Wollen der Menschen ist nicht maßgeblich, so sehr es auch um die eigene Bereitschaft zur Nachfolge Jesu geht. Gott ruft und schafft. Er bringt damit jeweils eine Geschichte in Gang, in der sich etwas grundlegend Neues ereignet. Gottes Blick schaut nicht schon vorhandene Dinge an, sondern wenn Gott blickt, entstehen die Dinge. Berufung ist von Grund auf schöpferisch. Darum sprechen wir – ähnlich wie von Schöpfungsgeschichte – auch von Berufungsgeschichte, die ein jeder in einmaliger Weise hat.

Der schöpferische Blick Gottes ist der Anfang jeder Berufung. Wir sehen dies bereits bei der Erschaffung des Menschen. Jeder wird von Gott bei seinem Namen gerufen. Wir wissen, dass dies schon für das ungeborene Kind im Mutterschoß gilt. Von Gott dem Schöpfer erhält das Menschenwesen Anerkennung und Lebensrecht: »Deine Augen sahen, wie ich entstand. In deinem Buch war schon alles verzeichnet; meine Tage waren schon gebildet, als noch keiner von ihnen da war« (Ps 139,16). Gott gibt dem Menschen also mit seinem liebenden Blick und seinem Ruf das Mensch- und Personsein. Die Würde des Menschen hängt nicht ab von unserer Anerkennung und Zustimmung, unserem Wollen und unserer Planung. Gott hat schon am Anfang eines Menschenlebens jeden in sein einzigartiges persönliches Leben gerufen (vgl. Jer 1,5). Wie anders betrachten wir einen Menschen, wenn wir in dieser Einstellung auf ihn zugehen! Wir spüren diese Einzigartigkeit auch bei dem Gedanken, dass jeder Mensch seinen eigenen Namen hat und so von uns entdeckt und auch wiedergefunden wird. Die Namensgebung ist darum ein besonderer schöpferischer Akt. Wir feiern neben dem Geburtstag ja immer auch unseren Namenstag.

Der Ruf Gottes geschieht aber nicht nur bei der Schöpfung. Gott ruft den Menschen nicht nur ins Leben – Gott ruft ihn auch in seinem Leben immer wieder an, wie wir gesehen haben. So ruft der Herr bereits in der Genesis nach Adam: »Wo bist du?« (Gen 3,9). Gott ruft den Menschen in seine Gegenwart, er ruft ihn vor sein Angesicht und spricht ihn auf seine Verantwortung an. So gehört zur Berufung nicht nur der schöpferische Blick Gottes, sondern mit ihm auch sein Wort, das den Menschen konkret anspricht. Auch dieses Wort ist schöpferisch.

Diese Ansprache Gottes bezieht sich in der Bibel nicht nur und allein auf den Einzelnen. Gottes Ruf gilt dem ganzen Volk. So ist die Rede von den »berufenen Heiligen« (1 Kor 1,2), von den »Berufenen Jesu Christi« (Röm 1,6) und von der Berufung der Christen zur Freiheit (vgl. Gal 5,13a). Schließlich klingt im Wort Kirche (»ek-klesia«) auch an, dass er das Volk Gottes selbst herausgerufen und vor ihm versammelt hat. Gott bleibt gerade im Blick auf die Kirche, das Aufgebot Gottes, diesem Ruf treu: »Denn unwiderruflich sind Gnade und Berufung, die Gott gewährt« (Röm 11,29). Freilich bleibt eine Gefährdung der Berufenen bestehen, gerade wenn Gott treu ist, wir Menschen uns aber durch unsere Lebensführung der Berufung nicht würdig erweisen (vgl. 1 Thess 2,12; 5,24; Gal 1,6; 5,13). Vor Schwäche und Müdigkeit muss auch der Neuberufene, der zunächst viel Schwung hat, auf der Hut sein (vgl. Hebr 6,11ff; 12,1ff).

Dieser Ruf, diese Berufung durch Gott ist die Würde eines jeden Christen. In ihr zeigt sich eine hohe Wertschätzung des einzelnen Menschen und des Menschenwesens überhaupt. Im Wissen um diese göttliche Berufung kann der Mensch manche Spuren von Gottes Ruf und Handeln in seinem Leben entdecken. Wenn wir in dieser Perspektive in unser Leben hineinhören, nehmen wir vielleicht auch Berufungen wahr, an denen wir sonst eher achtlos vorübergehen würden: unauffällige und unscheinbare, dennoch unersetzliche Dienste, zu denen wir gerufen sind. Dabei öffnet sich nicht nur unsere einmalige Lebensgeschichte dem Ruf Gottes, sondern es gibt auch die Berufung zu vielen unterschiedlichen Aufgaben. Beachten wir alle unsere Berufung? Trauen wir dies Gott zu? Sehen und behandeln wir uns auch gegenseitig im Licht dieser Berufung?

II. Berufung als personale Antwort

Die Berufung erhält aber in der Bibel einen weiteren Akzent: Durch den Ruf Gottes kann jemand auch aus seiner Welt und seinem Stand sowie seinem Beruf herausgerissen werden. Man denke an die Fischer in der Nachfolge Jesu. Man kann dann von einem regelrechten Aussondern sprechen, etwa wenn Gott das kleine Volk Israel mitten unter den großen Nachbarn bevorzugt. Ein exemplarisches Muster der Berufung ist Abraham, der in die Unsicherheit der Fremde gerufen wird. Er kann sie nur im Glauben an den rufenden Gott bestehen. So untersteht er künftig seiner Fürsorge und seinem Segen. An dieser Stelle wird eine innere Nähe der Worte Berufung und Erwählung offenkundig. Beiden ist das Moment des freien, souveränen und unableitbaren Rufes Gottes zu Eigen, für den es keinen Anspruch und kein Recht gibt. Dem Akt der Erwählung ist jedoch auch etwas von einer Vorliebe Gottes zu Eigen (vgl. Dtn 4,37; Jes 14,1; Ps 47,5; Ps 78,68). Vor allem der heilige Paulus preist in seiner Theologie der Berufung und Erwählung diese grundlose Vorzugswahl Gottes (vgl. Röm 8,26–30). Wir Menschen von heute tun uns mit diesen Gedanken schwer. Wir sind so sehr von der Gleichheit aller überzeugt, dass wir die Unterschiede und die Vielfalt der Berufungen leicht übersehen. Für die Bibel allerdings ist es feste Überzeugung, dass der Ruf Gottes an den Einzelnen immer einmalig ist und ihn in besonderer Weise angeht. Es bleibt die gleiche Würde.

Wenn Gott ruft, erwartet er eine Antwort. Dies zeigt sich deutlich in der Berufung Samuels (vgl. 1 Sam 3). Samuel antwortet dabei auf doppelte Weise. Er stellt sich mit einem bis heute gültigen Wort zur Verfügung, wenn er sagt: »Hier bin ich!« Bei jeder Beauftragung und Weihe sagen wir dies. Zugleich erhöht Samuel seine Bereitschaft, wenn er hinzufügt: »Rede, Herr, dein Diener hört!« Die Berufung kommt oft auch mit großer Wucht. Nicht zufällig heißt es immer wieder: »Die Hand des Herrn kam auf ihn.« In dieser Situation ist es begreiflich, dass der Gerufene in besonderer Weise sein Ungenügen erfährt. Die Berufungsgeschichten enthalten fast immer eine dramatische Steigerung durch die Einwände, die der Berufene vorbringt: Ich bin zu jung, ich kann nicht Rede und Antwort stehen, ich habe gesündigt, suche einen anderen. Gerade hier, wo alles falsche elitäre Bewusstsein entfällt, wird deutlich, dass Berufung und Erwählung der Boten ganz in der Gnade Gottes begründet sind. So heißt es bei Jeremia (Jer 1,7f): »Sag nicht: Ich bin noch so jung. Wohin ich dich auch sende, dahin sollst du gehen, und was ich dir auftrage, das sollst du verkünden. Fürchte dich nicht...« Jedem Berufenen wird diese Notwendigkeit der Sendung vor Augen gestellt, zugleich erhält er die Zusage eines besonderen Beistandes: »Hiermit lege ich meine Worte in deinen Mund« (Jer 1,9).

Berufung ist also nicht Sache des eigenen Wollens oder einer Ausbildung allein. Oft ist Berufung identisch mit einem – fast immer schmerzlichen – Verwandlungsprozess, der aus dem eigenwilligen und widerstrebenden Menschen einen gehorsamen, zustimmenden Boten Gottes macht. Dies schließt das Hören auf das Wort, das Aushalten im Leiden und die Übereinstimmung von Botschaft und Leben ein. Die Existenz des Berufenen wird mehr und mehr transparent auf den hin, der ihn gerufen hat.

III. Berufung als Bindung an Jesus Christus

Dies wird besonders deutlich im Neuen Bund. Hier konzentriert sich alles, was wir vom rufenden Gott gesagt haben, auf Jesus Christus. Er nimmt in der Souveränität seines Rufes die Stelle Gottes ein. Gottes Einladung erreicht die Menschen in Jesu Worten wirklich voraussetzungslos. Sie wendet sich auch an Sünder und Ausgeschlossene. Im Blick auf die Tischgemeinschaft Jesu mit Zöllnern und Sündern heißt es: »Ich bin nicht gekommen, Gerechte zu rufen, sondern Sünder« (Mk 2,17). Das Ziel der unermüdlichen Liebe und der Zuwendung Gottes zu den Menschen ist universal. Die Heilseinladung geht an alle. Sie muss jedoch auch mit allen Konsequenzen angenommen werden. Dies werden nicht alle tun. Über ihre genauere Zahl wird nichts gesagt. Jesus möchte seine Hörer zum Nachdenken bringen. Der Ruf wird nur »von wenigen« beantwortet (vgl. Lk 13,22ff; Jes 10,21f). In diesem Sinne sind viele berufen, wenige aber auserwählt. Das Wort bezieht sich auf den Ernst der gegenwärtigen Lage. Jesus ist da und ruft. Hier muss sich jeder entscheiden.

Wir dürfen jedoch voraussetzen, dass Menschen, die Christen geworden sind, durch den Herrn selbst ansprechbar sind und bleiben. Es kann sein, dass dieser Ruf verdeckt wird und verschüttet ist. Es gibt aber Situationen, in denen die elementare Kraft des Rufes Gottes durch alle Verkrustungen und Verdrängungen hindurchbricht und sich bemerkbar macht. Man denke nur an die blitzartigen Umkehrsituationen von Menschen, die früher einmal getauft wurden, aber ihren lebendigen Kontakt mit Glauben und Kirche längst verloren haben. Kein

Mensch kann zwar die Wunder Gottes wirken, aber wir können viel sensibler werden für Gottes Wege, die er mit solchen Menschen gehen will.

Für die Verwirklichung dieser Einladung an alle braucht Jesus jeden Menschen, der sein Jünger geworden ist. Aber er braucht auch Jünger, die ganz bei ihm sind und sich ausschließlich seiner Sendung zur Verfügung stellen. Dies sind zunächst die Zwölf, die ihn begleiten und immer enger mit ihm zusammenarbeiten. Das Mit-Jesus-Sein ist unbedingt, beansprucht die ganze Person in ihrer Totalität, ohne jeden Vorbehalt und ohne jede Einschränkung. Es bedeutet unbedingte Bindung an die Person und an den Weg Jesu. Dies ist mehr als ein aufmerksames Lernen und eine diensteifrige Begleitung. Es ist Nachfolge. Die Jünger verkünden, wie er verkündet, und sie wirken seine Machttaten. Je mehr die Zwölf sich in diesem Sinne ganz Jesus unterordnen und nur seine Gesandten sind, um so eher vertreten sie seine Person und seinen Anspruch. Sie sollen alles beiseite lassen und sollen nur mit ihrer Botschaft und mit ihrer Vollmacht unterwegs sein. »Wer euch hört, hört mich« (Lk 10,16). Ihre ganze Bedeutung besteht in der Bindung an Jesus. Sie dürfen sich vor allem nicht am Beispiel irdischer Machthaber orientieren (vgl. Mk 10,43).

IV. Unsere Aufgaben zur Förderung von Berufungen

In der Fortsetzung dieses Auftrags Jesu sind zunächst alle Jünger angesprochen und die ganze Kirche. Viele Dienste haben sich später daraus abgeleitet und spezialisiert. Die Ordensleute und alle, die nach den evangelischen Räten der Ehelosigkeit, der Armut und des Gehorsams in der Nachfolge Jesu leben, erfüllen dieses Zeugnis Jesu zunächst auf der Ebene der christlichen Existenz. Gott schickt durch seinen Geist der Kirche auch immer wieder Geistesgaben – wir nennen sie auch Charismen –, die das Leben des Glaubens inspirieren und erneuern. Viele Frauen und Männer üben im Bereich der Glaubensunterweisung, bei der Gestaltung der Gottesdienste und der Feier der Sakramente sowie der Nächstenliebe auf der Ebene kirchlichen Tuns einen regelrechten Beruf aus, wie dies bei uns heute besonders bei Gemeindereferentinnen/referenten und Pastoralreferentinnen/referenten, aber auch bei den Frauen und Männern im schulischen Religionsunterricht geschieht. In der Mitte dieser Dienste steht das geistliche Amt, das die Bischöfe, die Priester und die Diakone umfasst, einschließlich der verheirateten Ständigen Diakone. Sie erhalten heute auch durch viele ehrenamtlich tätige Christen, nicht zuletzt in den Räten, eine große Hilfe. Auch dies ist eine Form der Ausübung der Berufung. Für die große Bereitschaft können wir nur dankbar sein.

Aber gerade so spüren wir auch, wie sehr wir auf die spezifische Mitarbeit der Frauen und Männer im pastoralen Bereich angewiesen sind. Der Priestermangel bringt uns bei aller Hilfe in Erinnerung, dass das geistliche Amt kräftig unterstützt, aber nicht ersetzt werden kann. Vor allem Priester können nur durch Priester ersetzt werden. Zum Beginn des dritten Jahrtausends ist es unsere größte Sorge, dass wir in Zukunft genügend junge Menschen finden, die aufgrund ihres Glaubens und eines lebendigen Sinnes für das Evangelium bereit sind, sich auf den Weg eines kirchlichen und besonders geistlichen Berufes zu begeben. Es ist bedenklich, dass seit mehreren Jahren in unserem Land – übrigens auch zum Teil in unseren evangelischen Nachbarkirchen – die Zahl der Theologiestudierenden stark abnimmt, sodass auf längere Sicht auch theologische Ausbildungsstätten in ihrer Existenz gefährdet sein könnten. Das Studium der Theologie ist jedoch auch heute noch eines großen Interesses wert und kann viele geistige Ansprüche und spirituelle Bedürfnisse erfüllen. Der Weg zum Ständigen Diakon und zum Priestertum ist eine besonders tiefe und eigene Gestalt der Berufung, die in der Verkündigung der Frohbotschaft des Herrn auch menschlich glücklich und selig machen kann. (Vgl. den Hirtenbrief »Nachfolge des Herrn in ungeteiltem Dienst«, in diesem Buch S. 189–196; vgl. auch Karl Lehmann, Es ist Zeit, an Gott zu denken. Ein Gespräch mit Jürgen Hoeren, Verlag Herder Freiburg im Breisgau 2000, 61–65, 66–70, 70–74.)

Leider ist es für heutige junge Menschen immer schwieriger, diesen

Ruf Gottes zur ganzen Hingabe an den Herrn und sein Evangelium zu vernehmen und konsequent zu verwirklichen. Vieles lenkt von einer Entscheidung ab, manchmal sind es sogar Eltern, Geschwister und Freunde, die abraten. Berufungspastoral ist eine wichtige Hilfe, aber sie allein kann keine Wunder wirken. Es kommt auf uns alle an. Wer wirklich um seine eigene Berufung weiß und ihr nachgeht, entdeckt bei sich und bei anderen vielleicht weitere Spuren und Hinweise auf den Weg der Nachfolge des Herrn. Von allen, die in der Verkündigung stehen, darf man in besonderer Weise die Förderung und Pflege der Berufung zum priesterlichen Dienst und zum Leben in geistlichen Gemeinschaften erwarten. Auch wir Priester sollten trotz mancher Schwierigkeiten direkt, aber auch durch die Art unseres Dienstes und Zeugnisses wieder mehr anspornendes und ermutigendes Vorbild werden. Schließlich spüren wir hier und heute wie sonst vielleicht selten die Ohnmacht rein menschlichen Tuns. Wir sind zutiefst vom Herrn der Kirche selbst zum Gebet für Berufungen aufgefordert: »Die Ernte ist groß, aber es gibt nur wenig Arbeiter. Bittet also den Herrn der Ernte, Arbeiter für seine Ernte auszusenden« (Mt 9,37f).

V. *Eine herzliche und inständige Bitte*

Verehrte, liebe Schwestern und Brüder im Herrn, ich schreibe diesen Brief zur österlichen Bußzeit in den Tagen, da Papst Johannes Paul II. mich als Bischof von Mainz in das Kardinalskollegium berufen hat. Mit Dankbarkeit blicke ich zurück auf meinen bisherigen Lebensweg, die tiefe Bereicherung durch eine philosophische und theologische Ausbildung, die vielen Jahre des priesterlichen Dienstes, der Lehrtätigkeit vor allem für junge Menschen und nun seit bald achtzehn Jahren der Aufgabe, im Bistum Mainz Bischof zu sein. Ich danke Ihnen für viele Zeichen der Mitfreude und der Ermutigung sowie für Ihre vielfache Tätigkeit zum Zeugnis für das Evangelium und zum Aufbau der Kirche in unserem Bistum. Sie tragen dadurch ganz entscheidend auch meinen eigenen Dienst und den hohen Einsatz aller Mitarbeiterinnen und

Mitarbeiter. Wenn ich auf die Zukunft des Lebens der Kirche blicke, ist es gerade in diesen Tagen meine inständige Bitte an Sie alle, diesen Brief zum Anlass einer Besinnung über die eigene christliche Berufung zu nehmen, viel intensiver der Mitverantwortung aller Christen für kirchliche und geistliche Berufe innezuwerden und alles dafür zu tun, was in dieser Hinsicht geistlich fruchtbar werden kann, ganz besonders auch das Gebet. Dies wäre das schönste Geschenk, das Sie mir machen können.

KULTUR DES GLAUBENS

9 | DER SONNTAG

Freiwerden für Gott und Freisein für die Menschen. Vom Sinn des Sonntags

HIRTENBRIEF ZUR ÖSTERLICHEN BUSSZEIT 1987

I. »Stirbt der Sonntag am Wochenende?«

Vor einigen Jahren fassten die Vereinten Nationen den Beschluss, künftig nicht mehr den Sonntag, sondern den Montag als den ersten Tag der Woche anzusehen. Als ein Institut der Meinungsforschung vor einiger Zeit nach der Wichtigkeit der Zehn Gebote fragte, kam das dritte Gebot »Du sollst den Tag des Herrn heilig halten« auf den letzten Platz. Nur ein Drittel der Befragten wollte es noch für heute gelten lassen.

Es ist nicht viel mehr als 100 Jahre her, dass durch ein allgemeines Beschäftigungsverbot die Sonn- und Feiertage arbeitsfrei wurden und die Sechstagewoche zur Einführung kam. Dies war ein Segen für die Menschen, die nun Zeit zur Erholung und zur Entdeckung ihrer Begabungen, zur tieferen Gemeinschaft der Familie und auch zum regelmäßigeren Gottesdienst fanden. Der Sonntag war wesentlich durch den Kirchgang, also das Zusammenkommen der Gemeinde zum Gottesdienst, bestimmt. Inzwischen ist die Freizeit erheblich ausgeweitet worden und umfasst in unseren westlichen Gesellschaften den Samstag und den Sonntag. Das so genannte »Wochenende« mit den Feiertagen bietet so viel Freizeit wie die Arbeitstage zusammen.

Der Sonntag ist nun ganz verwoben mit der Problematik der Freizeit. Er steht in Gefahr, im Wochenende aufzugehen. So sagen wir fast selbstverständlich zueinander »Gutes Wochenende!« Der Sonntag wird für viele eingeebnet und wird von vielen nicht mehr von den anderen Tagen abgehoben, zum Beispiel durch eine bessere Kleidung, ein gutes Essen und ein Stück Gemeinsamkeit im Kreis der Familie, der Bekannten und der jeweiligen Lebenswelt. Was ist anders geworden?

Der Sonntag wird im Ganzen nicht mehr getragen von einer Gemeinschaft, die gemeinsame Überzeugungen hat und sie in Kultur und Feier zum Ausdruck bringen kann. Der Sonntag ist mehr und mehr zur Freizeit des Einzelnen geworden, die Mitfeier des sonntäglichen Gottesdienstes zum nur noch privaten Entschluss. Das »Miteinander« schrumpft zusammen. Dies gilt auch in räumlicher Hinsicht: Arbeit und Wohnen, Familie und Freizeit rücken meist auseinander. An Wochenenden erfolgen geradezu »Völkerwanderungen« aus den Ballungszentren. Die Pfarrgemeinde, in der man wohnt, bleibt zwar wichtig, aber man hat oft eine andere »Anbindung« an diese oder jene Gemeinde oder ihren Seelsorger. Die frei werdende Zeit vertreibt man, indem man das riesige Angebot der Freizeitindustrie nützt, das freilich auf seine Weise neue Abhängigkeiten und unaufhörlichen Stress erzeugen kann.

»Stirbt der Sonntag am Wochenende?« Treffend hat so einer die Not des Sonntags in unserer Gesellschaft gekennzeichnet. In dieser Situation ist auch ein drastischer Rückgang des Besuches des Sonntagsgottesdienstes mitbegründet. Die Krise ist also tief und rührt sogar an die Fundamente des Menschlichen. Wir brauchen uns darum auch nicht zu wundern, dass wir mit einer bloßen Vermehrung oder Anpassung der »Gottesdienst-Angebote« oder einer Einschärfung der »Sonntagspflicht« allein den Tag des Herrn nicht retten.

II. Der Sonntag als Auferstehungstag des Herrn

Die ersten Christen waren der Überzeugung, dass man ohne Sonntag nicht leben könne (vgl. Ignatius von Antiochien, Brief an die Magnesier 9,2). Die Zeit der Woche und das ganze Leben bekommen von hier Richtung und Maß. So heißt es in einer sehr frühen christlichen Schrift um 100 nach Christus: »Am Herrentag aber versammelt euch, brecht das Brot und feiert die Eucharistie, nachdem ihr zuvor eure Sünden bekannt habt, damit euer Opfer rein sei. Es soll aber keiner, der mit seinem Nächsten Streit hat, sich mit euch versammeln, bis sie sich ausgesöhnt haben, damit euer Opfer nicht entweiht werde« (Didache 14, 1–2). Der Ursprung des Sonntags weist auf die Auferweckung Jesu Christi zurück, die den Jüngern in den Erscheinungen des auferstandenen Herrn zur Gewissheit brachte, dass er lebt. Wahrscheinlich knüpfte man bei der Ausbildung des »Herrentages« (vgl. Offb 1,10), wie er bald heißt, an die Mahlgemeinschaften des Auferweckten mit seinen Jüngern an (vgl. Lk 24,28–43; Joh 21,1–14), in denen die Anfänge der Feier des eucharistischen »Herrenmahles« (1 Kor 11,20) nach Ostern zu sehen sind.

Der Sonntag verdankt seinen Ursprung der Auferstehung Jesu Christi. Jeder Sonntag ist eine Art wöchentlicher Osterfeier. Jede Feier des Sonntags ist ein lebendiges Gedächtnis und Bekenntnis der Auferstehung (vgl. dazu die wichtige Aussage zum Pascha-Mysterium in der Liturgiekonstitution des Zweiten Vatikanischen Konzils, Art. 106). Die Christen versammeln sich um ihren Herrn und legen gemeinsam Zeugnis davon ab, dass Jesus Christus lebt. Er ist nicht im Tod geblieben, wie er auch nicht für sich gelebt hat, vielmehr hat er sein Leben in reinster Übereinstimmung mit dem Willen des Vaters im Himmel für alle Menschen hingegeben, die Sündenlast der Welt auf sich genommen und so für uns alle neue Gerechtigkeit und unzerstörbares Leben erworben. Seither schenkt Gott in Jesus Christus den Menschen, die an ihn glauben, eine solche »Hoffnung gegen alle Hoffnung« und die Kraft einer Liebe, die stärker ist als der Tod.

Jeder Sonntag erinnert die Christen an diese Zuwendung Gottes zur Welt. Diese Botschaft erreicht nicht zuerst und allein den Einzelnen, sondern Jesus Christus ruft die oft ängstlichen, versprengten Jünger aus ihrer Vereinzelung zusammen und schenkt ihnen einen neuen Raum des Miteinanders, der Hoffnung und der Liebe. Jeden Sonntag hört die christliche Gemeinde den ermutigenden Ruf Jesu Christi wie am Auferstehungstag: »Der Friede sei mit euch!« (vgl. Lk 24,36; Joh 20,19). Das Mahl, in dem er sich selbst in den Gaben von Brot und Wein den Seinen leibhaftig schenkt, schafft die neue Gemeinschaft der

Kirche. Gemeinschaft des Gottesdienstes, des alltäglichen Lebens, der Liebe zum Nächsten und auch der Kultur gehören zusammen und durchdringen sich. So werden die Christen an jedem Ort, auch wenn sie eine kleine Gemeinde sind, »Salz der Erde« und »Licht der Welt« (Mt 5,13–16). Darum gehört zu ihnen auch, gerade am Sonntag, das eucharistische Mahl »in Freude und Einfalt des Herzens« (Apg 2,46).

So kann man verstehen, warum Christen von Anfang an Menschen des Sonntags sind. Das »Sonntagsgebot«, das aus dem Blickwinkel purer Pflicht nur einen dürftigen Hinweis auf diese reiche Wirklichkeit des christlichen Sonntags leisten kann, ist wie eine Krücke, die den säumigen Jünger an seine erste große Liebe erinnern möchte. Schon immer gab es freilich den Abstand zwischen diesem hohen Anspruch und der Wirklichkeit der Sonntagsheiligung. Die Kirchenväter ermuntern von Anfang an die Mitchristen, fleißiger am Gottesdienst teilzunehmen, und rügen auch später den schlechten Kirchenbesuch. Nicht selten ist man in der Geschichte der Kirche der Versuchung erlegen, die äußere Verpflichtung des Sonntagsgebotes und die Autorität der Kirche zu überspannen oder zum Teil rigorose Strafmittel anzuwenden. Es bedarf jedoch einer mühsamen Überzeugungsarbeit bis zur Einsicht, dass der, der sich regelmäßig aus dem Gottesdienst ausschließt, eine Einladung Gottes ablehnt, die für ihn nur gut und heilsam ist.

III. Der Sonntag im Licht der ganzen Bibel: Tag der Schöpfung und Neuschöpfung

Hinter dem Herrentag steht der Sabbat des Alten Testaments. Meist schauen wir nur auf die Unterschiede. Der Herrentag hat den Sabbat abgelöst. Sonntag und Sabbat sind zwei verschiedene Tage geworden und geblieben. Dennoch stehen sie in einer ganz engen Verbindung. Man sieht dies schon daran, dass die Christen das Gebot der Heiligung des Sabbats konsequent auf den Sonntag bezogen. Wir lernen mehr über den christlichen Sonntag, wenn wir uns – ohne den Unterschied zwischen beiden zu leugnen – auf die gemeinsamen Wurzeln besinnen.

Die Aufforderung, den Sabbat zu heiligen beziehungsweise zu achten (vgl. Ex 20,8–11 und Dtn 5,12–15), ist breiter bezeugt als jedes andere Gebot und nimmt unter den Zehn Geboten den größten Raum ein. Die einfachste Form dieses Gebotes sagt schon fast alles über den Sinn: »Sechs Tage kannst du arbeiten, aber am siebten Tag sollst du aufhören. Selbst in der Zeit des Pflügens und des Erntens sollst du ruhen« (Ex 34,21). »Sabbat« heißt in der Tat aufhören mit jeder Arbeit, alle Tätigkeiten unterbrechen und einstellen, schließlich ruhen. Die positive Wendung mahnt uns, den Sabbattag zu »achten« und zu »heiligen«. Sabbat und Sonntag bedeuten in der Kultur der Menschheit eine Befreiung vom Joch des unaufhörlichen Arbeitszwanges und ein öffentliches Zeugnis für Gott.

Es ist erstaunlich, welche wichtigen Hinweise das Alte Testament uns gibt.

a) Geschenkte Freiheit

Der Ruhetag soll Israel daran erinnern, dass es aus der Knechtschaft in Ägypten befreit wurde (vgl. Dtn 5,15). Ein Leben mit Gott ist allen Machthabern gewachsen. Zu Recht haben die Christen an dieses Heilsereignis des Alten Bundes angeknüpft und in der Auferstehung Jesu Christi die große Befreiung des Menschen gesehen, den nun keine Macht und kein Tod mehr besiegen kann. Am Herrentag möchte uns Gott an diese geschenkte Freiheit und alle Wohltaten der Offenbarung erinnern.

b) Der Ruhetag: seine Heiligung und sein Segen

Die Aufforderung zur Arbeitsruhe wird mit der Bedeutung des Ruhetages bei der Erschaffung der Welt begründet: »Und Gott segnete den siebten Tag und erklärte ihn für heilig; denn an ihm ruhte Gott, nachdem er das ganze Werk der Schöpfung vollendet hatte« (Gen 2,3; vgl. Ex 20,11). Gott »heiligt« diesen Tag, das heißt: er sondert ihn von den Werktagen ab, entzieht ihn den Zwängen und Bedürfnissen der Arbeitswelt und bestimmt ihn zum Freiwerden für Gott und zum Freisein für die Menschen. Gott, der Herr aller Zeit, ordnet unsere Menschenzeit. Er »segnet« den Ruhetag mit belebenden Kräften, damit die Zeit des Menschen von ihm aus Frische, Fruchtbarkeit und Halt erhalte. Wie der erste Werktag des Menschen in der Bibel erst nach dem Ruhetag Gottes beginnt, so ähnlich hat die junge Christenheit mit großer Kühnheit statt des siebten Tages den »ersten Tag der Woche« als Ruhetag angesetzt. Für den von Gott befreiten und beschenkten Menschen beginnt die Woche, also das Ganze unseres Lebensgefüges, mit dem Ruhetag, der uns Atem schöpfen lässt. Die Bibel sagt an einer Stelle sogar von Gott: »Am siebten Tag ruhte er und atmete auf« (Ex 31,17).

Dies hat auch Folgen für unseren Umgang mit der Welt. Wer am Sonntag frei geworden und beschenkt worden ist, sieht auch die Schöpfung neu. Er freut sich an ihrer Schönheit und kann gelassener werden. Er misst nicht alles nur mit dem Kalkül der Nützlichkeit und des Wertes für ihn selbst; er lernt darum auch schonen und bewahren. Die Wahrung des Sonntags hat einen hohen Rang bei der Schärfung unserer Verantwortung für die natürlichen Lebensbedingungen.

c) Die soziale Dimension

Die Schrift mahnt auch zur Arbeitsruhe am Herrentag, »damit dein Rind und dein Esel ausruhen und der Sohn deiner Sklavin und der Fremdarbeiter zu Atem kommen« (Ex 23,12). Die Bibel nennt an dieser Stelle ein soziales Motiv. Es werden Menschen genannt – »der Sohn der Sklavin und der Fremde« –, die Willkür und Ausbeutung besonders ausgesetzt und schutzlos sind. Der Ruhetag ist gerade wegen dieser besonders Abhängigen und Wehrlosen da. Das Gebot der Ruhe eröffnet auch eine Gleichstellung der Menschen vor Gott und in ihren elementaren Rechten (vgl. dazu Ex 20,10; Dtn 5,14). Die Propheten wehren sich leidenschaftlich, wenn die Menschen den Sinn des Ruhetages nicht erkennen wollen und ihn zu einem Tag der Geschäftigkeit missbrauchen (vgl. Am 8,5; Jes 1,13; Jer 17,19–27; Hos 2,13; Neh 13, 15–22; vgl. auch Ex 16,19–30).

Nächstenliebe und Hilfe in Not stehen, wie das Neue Testament deutlicher erweist, nicht im Gegensatz zur Heiligung des Herrentages.

Unter den wenigen Stellen des Neuen Testamentes, an denen der erste Tag der Woche erwähnt wird, findet sich die Aufforderung, am Herrentag für die Bedürftigen in Jerusalem zu sparen und zu sammeln (vgl. 1 Kor 16,2). Jesus selbst hatte dafür den Weg gewiesen, wenn er in Auseinandersetzung mit einer gesetzlichen Beobachtung des Sabbats einschärfte: »Der Sabbat ist für den Menschen da, nicht der Mensch für den Sabbat« (Mk 2,27).

d) Symbol künftiger Herrlichkeit

Der Ruhetag ist schon im Alten Bund Vorspiel des neuen Himmels und der neuen Erde. Er ist nicht nur ein Tag des dankbaren Gedenkens, sondern vor allem auch ein Tag der Hoffnung: Einmal wird volle Freiheit, ungetrübte Freude, endgültiges Heil sein; kein Tod und keine Träne wird mehr sein. Für diese Zusage ist der Ruhetag jetzt schon Unterpfand und Symbol, aber auch Verpflichtung und Mahnung. »Die Israeliten sollen also den Sabbat halten, indem sie ihn von Generation zu Generation als einen ewigen Bund halten. Für alle Zeiten wird er ein Zeichen zwischen mir und den Israeliten sein« (Ex 31,16.17a).

Mitten in der Vorläufigkeit und Vergeblichkeit des Menschenlebens ist der Herrentag ein Vorschein unzerstörbaren Lebens und der kommenden Welt. Die junge Christenheit konnte diese Hoffnung aufgreifen, denn in der Auferweckung Jesu Christi ist die Herrschaft Gottes schon angebrochen. Der Sonntag ist also bereits »der Anfang einer anderen Welt« (Barnabasbrief 15,8). So sehen die Christen in der Feier des Sonntags den Aufbruch in die Zukunft Gottes hinein. Jede Eucharistiefeier am Sonntag sagt uns: Der Herr kommt, und wir gehen ihm entgegen. Dies ist keine Flucht in die Ewigkeit, denn solche Zuversicht stärkt die Christen in ihrer Sendung und in ihrem Zeugnis im Alltag der Welt.

Der Sonntag hat für die Christen den Sabbat verdrängt. Aber wir haben gesehen, dass zwischen beiden dennoch eine sehr tiefe Verwandtschaft besteht. Der Tag der Ruhe wird freilich in einen neuen Horizont gestellt: Er ist nicht bloß bestimmt durch den Blick zurück auf Schöpfung und einstige Erlösung, sondern auch durch den Blick nach vorn, in die Zukunft Gottes. Der Sabbat ist für den Christen, wie der Kolosserbrief sagt, ein »Schatten des Zukünftigen« (2,17) geworden.

Aus dem Sabbat wurde der Herrentag, wie er heute noch in den romanischen und slawischen Sprachen heißt. In den germanischen Kulturen wurde nach einigem Zögern die ursprünglich heidnische Bezeichnung »Tag der Sonne« beibehalten; allerdings mit einem neuen Sinn: Jesus Christus ist die aufgehende »Sonne der Gerechtigkeit«. Er ist auch das Licht Gottes am Morgen der Schöpfung. Ihn erwarten die Christen auch als das Abendlicht ihres Lebens, das aus der Nacht des Todes für immer aufgegangen ist.

IV. Elementare Herausforderungen heute

Die Feier des Herrentags ist die Antwort der Kirche auf das, was Gott in der Geschichte des Heils getan hat und noch tut. Der Sonntag ist jedoch darüber hinaus die Mitte des menschlichen Lebensraumes, das Maß und der Rhythmus für die Zeit des Einzelnen und der Gesellschaft.

1. Das Sonntagsgebot

Die so genannte »Sonntagspflicht« darf – wie schon angedeutet – nicht äußerlich verstanden werden. Der Sonntag selbst erschöpft sich auch nicht im Gottesdienst. Wohl ist der Besuch des Sonntagsgottesdienstes nach vielen Ergebnissen von Meinungsumfragen im Ganzen ein überraschend feinfühliger Gradmesser für die Teilnahme am Leben der Pfarrgemeinde. Wer über längere Zeit dem Sonntagsgottesdienst fernbleibt, entfremdet sich gewöhnlich auch der Pfarrgemeinde. Wir kennen alle Begründungen für ein solches Fernbleiben, von der skeptischen Frage: »Was bringt mir das?«, bis zur tausendmal wiederholten Rede: »Ich gehe lieber auf die Berge, in den Wald, an das Wasser und bin dort frömmer in Gottes freier Natur als in der Kirche.« Wir können jedoch nicht privat festsetzen, wo Gott uns begegnen muss. Wir müssen ihm da antworten, wohin Er uns ruft und wo Er sich uns gibt. Wer sich immer wieder vom Gottesdienst fordern lässt, dessen Leben vertieft sich und wird frei. Darum ist das recht verstandene Sonntagsgebot nicht eine lästige Pflicht, sondern ein Anruf an unsere Freiheit, unser Leben einzeln und gemeinsam am Sonntag vor Gott zu bringen: einmal innezuhalten im Trott des Alltags, still zu werden und über sich und sein Leben nachzudenken, Fehler demütig zu bekennen, frischen Mut für einen Neuanfang zu fassen, frei zu werden von den Götzen unseres Lebens, uns hellhörig wieder auf die Nächsten hin zu öffnen, unser Gewissen zu schärfen, einen Größeren in unserem Leben als Herrn und Meister anzuerkennen, dem Einzigen die Ehre zu geben und nur den anzubeten, vor dem allein man die Knie beugen darf und kann ... So ist die Erfüllung der »Sonntagspflicht« am Ende eine Wohltat, eine Hilfe zum gelungenen Leben und ein Geschenk erfüllter Zeit. Es muss einem dabei nicht immer von Anfang an stets froh und leicht zumute sein. Manchmal ist es vielleicht fast nur Gehorsam, wenn wir uns auf den Weg zum Sonntagsgottesdienst machen – aber am Ende sind wir oft auch im Herzen angesprochen und wahrhaft bereichert.

2. Gegenwärtige Brennpunkte

Jetzt müsste ich von vorn anfangen, um viele Konsequenzen aufzuzeigen, die aus einem neuen Verständnis des Sonntags folgen. Diesmal wollte ich jedoch nicht zu früh praktisch werden, denn ich bin fest überzeugt, dass in unserem Verhältnis zum Sonntag nur etwas anders und auch besser wird, wenn wir tiefer gehen und uns den Grundlagen unseres Christseins zuwenden. Aber ich will den konkreten Herausforderungen nicht ausweichen. Darum möchte ich wenigstens beispielhaft einige Felder, gleichsam »heiße Eisen«, ansprechen.

a) Die Rolle der Familie

Der Sonntag ist oft darum zerfallen, weil die Gemeinschaft der Familie zerstört ist. Alle laufen nur ihren eigenen Interessen nach. Wie viel Gemeinsamkeit haben wir? Sind wir auch nur »Bahnsteigsgemeinschaften«, die sich zwischen Tür und Angel beim Umsteigen sehen, bevor jeder wieder in einen anderen Zug steigt? Haben wir ein wenig Zeit füreinander – zum Gespräch, zum gemeinsamen Nachdenken, zur Feier, zum Besuch bei anderen: Kranken, Alten, Bedürftigen und Toten, zum unverzweckten Spiel, zur Stille, zum Lesen, zu jener Zuwendung und Zärtlichkeit, die nicht hastig und gierig »haben« und besitzen wollen, sondern den anderen sein und aufblühen lassen?

Wenn wir uns darum mühen, finden wir auch wieder Zugang zum Beten und zur Eucharistie, der Dankfeier des Lebens.

b) Der Sonntag und die Vereine

Mit vielen freue ich mich über die große Zahl und die Vielfalt des Vereinslebens in unseren Städten und Dörfern. Wir begrüßen es, wenn viele Eigeninitiative ergreifen und ihre Fähigkeiten und Begabungen auf zahllosen Gebieten entfalten. Dies ist ein wichtiges Gegenmittel gegen das Versinken in Passivität, Langeweile und Genusssucht. Ich danke auch für manche gute Zusammenarbeit zwischen den Vereinen und der Pfarrgemeinde. Zugleich bitte ich alle Vereine, vor allem auch die Sportverbände, sich an die mit den Kirchen getroffenen Vereinbarungen zu halten. Der Mensch ist am Sonntag nicht bloß das Mitglied eines Vereins, der nicht selten einen totalen Anspruch entwickelt, gerade auch auf junge Menschen. Kein einzelner Lebensbereich unserer Gesellschaft, auch nicht der Sport, darf das vielfältige Menschsein absolut für sich beanspruchen und vereinnahmen. Jeder Mensch ist auch das Mitglied einer Familie, Ehepartner, Freund, Glied einer Glaubensgemeinschaft. Lassen Sie auch dafür Zeit und Raum!

c) Der Sonntag und die moderne Arbeitswelt

Unsere Arbeitswelt ist in großer Veränderung begriffen. Im Namen von Produktivität und Wettbewerbsfähigkeit wird in jüngster Zeit vielfach eine Ausweitung der Sonntagsarbeit gefordert. Die Kirche hat für wirtschaftliche Interessen durchaus Verständnis, aber sie bittet die Unternehmer inständig darum, den Sonntag nicht dem Vorrang »ökonomischer Gesetzlichkeiten« zu opfern. Die so genannte »wirtschaftliche Unentbehrlichkeit« ist kein letzter Maßstab, der sich über jahrtausendealte kulturelle Errungenschaften und menschliche Grunderfahrungen hinwegsetzen dürfte. Produktion und Rentabilität sind wichtig, aber sie machen nicht den Sinn des Lebens aus. Auch einzelne »Ausnahmen«, die in unserer Gesellschaft oft rasch zur Regel werden, können mehr oder weniger rasch zu einem Dammbruch führen, der das Sonntagsruhegebot aushöhlt. Die Kirche bittet darum die Wirtschaft, im Interesse der arbeitenden Menschen und ihrer Familien die Kultur des Sonntags zu wahren, und den Staat, im Namen der Menschlichkeit die bestehenden Verfassungsgebote zu achten und die Grenzen von notwendigen Ausnahmen eng zu ziehen.

d) Sonntagsfeier in getrennten Kirchen?

»In der Feier des Sonntags und der Liebe zum Gottesdienst sind evangelische und katholische Christen miteinander verbunden. Umso schmerzlicher ist, dass sie noch nicht in der Lage sind, alle ihre Feste in gemeinsamen Gottesdiensten zu feiern. Das zeigt sich besonders am Sonntag.« So heißt es in einem Gemeinsamen Wort der Deutschen Bischofskonferenz und des Rates der Evangelischen Kirche in Deutschland »Den Sonntag feiern« aus dem Jahr 1984. Ich weiß, dass dies vor allem für bekenntnisverschiedene Ehepaare eine blutende Wunde am Leib der Kirche darstellt. Sie ist auch für mich ein mächtiger Antrieb zur Weiterarbeit am ökumenischen Versöhnungsauftrag der getrennten Kirchen. Zugleich darf ich Sie und unsere Partner in den anderen Kirchen inständig um Verständnis dafür bitten, dass die katholischen Bischöfe sich nicht berechtigt wissen, ökumenische Gottesdienste als zureichende Sonntagsgottesdienste anzuerkennen. Diese Gottesdienste können angesichts der Unterschiede, die zwischen uns vor allem im Verständnis des geistlichen Amtes, des Opfercharakters der Eucharistie, manchmal auch in der Frage der bleibenden Gegenwart des Herrn in den verwandelten Gaben bisher noch bestehen, keine Eucharistiefeiern sein. Weil aber der Sonntag von der apostolischen Überlieferung her mit der Eucharistiefeier verbunden ist, müssen die Bischöfe dieses große Erbe der Kirche achten. Wir können die Gleichstellung mit dem Predigtgottesdienst nicht mitvollziehen. Wir haben nicht die Vollmacht, hier andere Wege zu beschreiten. Wir kommen nur weiter, wenn wir uns über die genannten Probleme verständigen können …

Der wahre Fortschritt der Ökumene lebt davon, dass wir imstande sind, diese Unterschiede nicht eigenmächtig zu überspringen, sondern aus dem Schmerz noch nicht vollends geschenkter Gemeinschaft Kraft, Mut und Geduld für die nächsten Schritte intensiver Annäherung zu schöpfen.

V. Ein persönliches Schlusswort

Erlauben Sie mir ein persönliches Schlusswort. Manche von Ihnen werden sich vielleicht fragen: Bischof, hast du keinen größeren Kummer als die Sorge um den Sonntag? Freilich, es gibt noch andere dringliche Nöte und Aufgaben. Aber ich bin immer mehr davon überzeugt, dass die Frage der Rettung des gefährdeten Sonntags über die Weitergabe des Glaubens an die künftige Generation, von der wir so oft reden, aber auch über das Schicksal unserer gewachsenen Kultur und des Menschlichen überhaupt mitentscheiden wird.

Ich danke Ihnen nicht nur für Ihr bereites Zuhören, sondern für Ihr Glaubenszeugnis und Ihre Teilnahme am Leben und am Gottesdienst Ihrer Gemeinde. Die Kirche lebt von dieser unbeirrbaren Treue. Meinen Mitbrüdern im geistlichen Amt, allen hauptamtlichen pastoralen und besonders auch allen ehrenamtlichen Mitarbeiterinnen und Mitarbeitern danke ich für ihre Sorge um eine würdige Gestaltung des Sonntags in unseren Gemeinden und bitte Sie alle, gerade in der Pflege des Gotteslobs mit Freude und in Dankbarkeit dem Herrn zu dienen.

Die Religionslehrer, Katecheten und Erwachsenenbildner bitte ich von Herzen um ihre Mithilfe. Die Eltern und Großeltern bitte ich, mit ihren heranwachsenden Söhnen, Töchtern und Enkelkindern über den Sinn des Sonntags und seine Gestaltung zu sprechen, in Krisen entschieden und behutsam vorzugehen, geduldig dem überzeugenden Wort und noch mehr dem persönlichen Beispiel zu vertrauen.

In wenigen Wochen feiern wir den Ursprung des christlichen Sonntags, das Fest der Auferstehung Jesu Christi. Ostern ist der Ur-Sonntag unseres Glaubens, der auf den Morgen der Schöpfung zurück- und auf den Abend aller geschichtlichen Vollendung vorausblickt. Vielleicht gelingt es uns ein wenig, zunächst an den Sonntagen der österlichen Bußzeit und dann an jedem Sonntag, den Er uns schenkt, Gott zu finden und in Ihm auch wieder uns selbst.

10 | EVANGELISIERUNG

Was heißt Neu-Evangelisierung Europas?

HIRTENBRIEF ZUR ÖSTERLICHEN BUSSZEIT 1991

Seit einiger Zeit findet sich ein ungewohntes Wort im Sprachschatz der Kirche. Es heißt »Evangelisation« oder häufiger »Evangelisierung«. Andere Sprachen tun sich leichter damit. Auch wenn das Wort bei uns noch nicht recht eingebürgert ist, kann es uns doch viel über die Situation und die Hauptaufgabe der Kirche in unserer Gegenwart und darüber sagen, wo wir stehen und was heute vordringlich ist.

Evangelisierung heißt zunächst Verkündigung des Evangeliums Jesu Christi, und zwar vornehmlich an Menschen, die den christlichen Glauben noch nicht oder nicht mehr kennen. Das Wort ist früher weitgehend für die Erstverkündigung in den Missionsländern gebraucht worden. Nach und nach erscheint ein solches grundlegendes Zeugnis der Frohen Botschaft in Wort und Tat auch in anderen Situationen als erstrangig. Was ist aber damit gemeint?

Wir spüren, dass überall und oft auch in uns selbst eine erhebliche Spannung besteht zwischen dem Faktum, dass die meisten Menschen bei uns getaufte Christen sind, das Leben des Glaubens jedoch immer blasser wird. Ein Junge, der zur Firmung kommen soll, weiß nicht, wo die Kirche am Ort ist. Vor Weihnachten muss in Zeitungen erklärt werden, was da für ein Fest begangen wird. Bei feierlichen Gottesdiensten sieht man, wie viele das Vaterunser nicht mitbeten und die einfachsten Lieder nicht mitsingen können. Täuschen wir uns jedoch nicht: Auch der Glaube vieler Gottesdienstbesucher ist angefressen.

Befinden wir uns nicht in einer Situation, in der eine Missionierung notwendig wäre? In der Tat gab es in unserem Nachbarland Frankreich schon während des Zweiten Weltkrieges die Frage, ob die Entchristlichung beträchtlicher Bevölkerungsschichten nicht schon sehr weit fortgeschritten sei. Der Jesuit Ivo Zeiger beschrieb 1948 auf dem denkwürdigen Mainzer Katholikentag die religiös-kirchliche Situation mit den Worten: »Deutschland ist ein Missionsland geworden.« In der Zwischenzeit spüren wir dies noch viel deutlicher.

Das zunächst fremde Wort »Evangelisierung« möchte uns im Verstehen unserer Lage und in der Suche nach neuen Wegen auf die Sprünge helfen. Das Zweite Vatikanische Konzil und die letzten Päpste haben sich das Wort und die Sache zu Eigen gemacht. Wir blieben angesichts unserer Situation gerade in unserem Land dafür eigentümlich taub. Es wird Zeit, dass wir uns mehr darum kümmern.

Ich möchte Sie mit diesem Hirtenwort einladen, mit mir diesen Spuren nachzugehen.

I. Zeugnis geben vom Evangelium

Evangelisierung hat offenkundig mit Evangelium zu tun. Unter Evangelium verstehen wir zunächst meist ein Evangelienbuch oder die Lesung eines bestimmten Abschnitts aus ihm beim Gottesdienst. Im alltäglichen Sprachgebrauch ist damit eine »Siegesbotschaft« gemeint. Im Alten und Neuen Testament ist mit diesem Wort mehr allgemein die Kunde von Gott, meist aber genauer die Botschaft von Jesus Christus bezeichnet. Es ist eine »Frohe Botschaft«. Zu harmlos darf man sich diese nicht vorstellen, denn die Bibel spricht an einigen Stellen auch vom Gericht, in dem sich Gottes Gerechtigkeit für alle durchsetzt. Mit »Evangelium« ist nicht zuerst das Schrift gewordene Evangelium gemeint, sondern mehr seine mündliche, unmittelbare, kraftvolle Verkündigung. Jesus ist der Ur-Evangelist. Bei ihm gibt es eine Einheit zwischen dem, was er sagt, und dem, was er tut. Seine Botschaft wird durch sein Leben gedeckt und durch die von ihm gewirkten Wunder als Zeichen der wirklich angebrochenen Heilszeit bekräftigt. Evangelium meint immer diese Einheit von Wort und Tat durch das kraftvolle Zeugnis des Lebens.

Die Verkündigung des Evangeliums wird zu einer Art von Überschrift über das gesamte Leben Jesu und auch der Kirche. Jesus beginnt im Lukasevangelium sein öffentliches Wirken, indem er eine Verheißung des Alten Bundes auf sich selbst bezieht. Danach besteht das Evangelium in der Lösung und Befreiung der Menschen von allen Verstrickungen und Verengungen und in der Berufung des ganzen Gottesvolkes zu einer neuen Freiheit. Dabei wendet sich Jesus besonders den Benachteiligten und den unter die Räder Gekommenen zu. Jesus erhellt sein Tun und seine Person, wenn er nach Lukas das Jesaja-Wort anführt: »Der Geist des Herrn ruht auf mir, denn der Herr hat mich gesalbt. Er hat mich gesandt, damit ich den Armen eine frohe Botschaft bringe; damit ich den Gefangenen die Freilassung verkünde und den Blinden das Augenlicht; damit ich die Zerschlagenen in Freiheit setze und ein Gnadenjahr des Herrn ausrufe!« (Lk 4,18f; Jes 61,1f). Das Evangelium löst die Fesseln lange bestehender Knechtschaft und führt die Menschen zu wahrer Freiheit. Es wird uns auch gesagt, dass dies nur durch Umkehr zu Gott und durch Glauben an den sein Leben für uns hingebenden und auferstandenen Herrn möglich ist (vgl. Mk 1,14f; 1 Kor 15,1–11).

Jesus hat der ganzen Kirche den Auftrag gegeben, dieses Evangelium aller Welt zu bezeugen. Diese Botschaft soll allen Völkern zu allen Zeiten und an allen Orten ausgerichtet werden. Das ein für alle Mal ergangene Evangelium Jesu Christi muss immer wieder so übersetzt werden, dass die Menschen verschiedener Zeiten und Völker es auch verstehen. Es war immer schon so, dass sich jede Verwirklichung der Heilsbotschaft tief auf die geschichtliche Situation und die menschliche Kultur einer bestimmten Zeit eingelassen hat und auch in sie eingegangen ist. Gerade darum muss man aber auch Evangelium und Kultur unterscheiden. Das Evangelium bleibt dasselbe, seine Gestalt ändert sich. Jede Sprache, in die das Evangelium übersetzt wird, wirft ein neues Licht darauf. Manche Zeiten sahen Jesus Christus als den Weltenherrscher und -richter, andere erblickten ihn vor allem als leidenden Schmerzensmann, der die besonderen Plagen der jeweiligen geschichtlichen Stunde trug. Es gibt auch Beispiele aus unseren Tagen. Erinnern wir uns an die Veränderungen der Beichte: Ein anonymes Bekenntnis von Sünden in einem dunklen Beichtstuhl ist etwas anderes als ein persönlich gehaltenes Beichtgespräch, doch beide Male geht es um die Vergebung von Schuld. Oder denken wir an den Gestaltwandel liturgischer Gegenstände: Ein Bischofsstab ist heute Zeichen der Hirtensorge; früher war er besonders auch ein Symbol herrschaftlicher Gewalt. Das Evangelium braucht also den konkreten Austausch mit der Kultur, damit es in unserer Menschenwelt wahrhaft ankommen kann. Das Evangelium Jesu Christi bedarf in einer anderen Zeit und unter veränderten Bedingungen einer erneuten Einwurzelung und Vergegenwärtigung. Bloße Weitergabe des Evangeliums in seiner bisherigen Gestalt reicht nicht aus. Wir müssen uns überlegen, wie das Evangelium heute bei uns heimisch werden kann, ohne dass wir es dabei verfälschen.

II. Neu-Evangelisierung in Europa

Die Wortprägung Neu-Evangelisierung deutet darauf hin, dass es offenbar in bestimmten Situationen nötig ist, eine bereits früher einmal erfolgte Evangelisierung radikal zu wiederholen.

Bereits in der Kirche des Anfangs gibt es das Phänomen der Ermüdung im Glauben. Die ursprüngliche Begeisterung lässt nach, die Hörer des Evangeliums werden weniger empfänglich. Dies ist etwa die Situation der Gemeinde von Ephesus, der der Seher in der Geheimen Offenbarung schreiben soll: »Ich kenne deine Werke und deine Mühe und dein Ausharren ... Ich werfe dir aber vor, dass du deine erste Liebe verlassen hast. Bedenke, aus welcher Höhe du gefallen bist. Kehr zurück zu deinen ersten Werken!« (Offb 2,2–5). Die Bereitschaft zum Dienst und zur Hingabe, die am Anfang vorherrschten, fehlen nun. Der Hebräerbrief ist auf weite Strecken ein Mahnwort an eine solche müde gewordene Gemeinde. »Darum macht die erschlafften Hände wieder stark und die wankenden Knie wieder fest und ebnet die Wege für eure Füße, damit die lahmen Glieder nicht ausgerenkt, sondern geheilt werden« (Hebr 12,12f).

Man kann jedoch den Rückgang von Religiosität und Bindung an die Kirche nicht nur als Ermüdungserscheinung vieler Einzelner erklären. Die religiöse Sinngebung hat für immer weitere Lebensbereiche an Bedeutung eingebüßt. Wir sprechen von Säkularisierung. Unser Bewusstsein und unser Denken ist immer mehr verweltlicht worden. Man scheint Gott nicht zu brauchen. Höchstens ist er noch notwendig in den Grenzsituationen schwerer Krankheit und im Angesicht des Todes. Im Alltag brauchen die meisten Menschen, wie sie meinen, keinen Gott und keine Kirche. Im alten Europa ist der Prozess der Entchristlichung so weit fortgeschritten, dass man ernstlich an eine zweite Verkündigung denken muss.

Wir wollen keinen schädlichen Pessimismus fördern. Sicher gab es zu jeder Zeit nicht wenige Menschen, die im Vertrauen auf Gott ihr Leben gestalteten, auch wenn man nach außen hin nicht viel merkte. Viele Kirchgänger waren auf der anderen Seite so etwas wie Mitläufer, deren Herz im Alltag des Lebens kaum auf Gott ausgerichtet war. Es scheint manchmal, dass künftig nur noch die sich Christen nennen werden, die persönlich und entschieden sich zu einem Glauben bekennen, der auch spürbar das tägliche Leben bestimmt.

Was sind das für Menschen, denen das Evangelium neu verkündigt werden muss? Es sind keine Heiden, auch keine »Neuheiden«. Man hat von einer nachchristlichen Situation gesprochen. Es lebt bei uns keiner, dessen Leben nicht vom christlichen Glauben mitbestimmt wäre, auch wenn er sich nicht aktiv dazu bekennt. Das Christentum hat unsere Welt, in der wir leben, geprägt. Manches, was ihm entstammt, ist aus der Kirche ausgewandert, herrenlos geworden und taucht in ganz anderen Zusammenhängen wieder auf. Das Kreuz ist oft nur noch ein Schmuckstück. In der Kunst und Musik kann es ähnlich sein. Man hört zum Beispiel die Matthäuspassion, interessiert sich aber nicht für das Leiden Jesu Christi. In der Pop-Musik werden viele ursprünglich christliche Motive als Versatzstücke benutzt. Was bleibt, ist eine bestimmte dumpfe Religiosität, die oft mit Elementen östlicher Religionen vermischt ist. Für den »nachchristlichen« Europäer ist das Erbe des christlichen Glaubens vielleicht noch am lebendigsten in vielen ethischen Grundüberzeugungen. Bestimmte Dinge tut man nicht. Niemand wird bei allen Anklagen gegen die Kirche leugnen, dass das Christentum einen großen Beitrag zu einer menschlicheren Welt geleistet hat. Es liefert immer noch gleichsam den Kitt für den ethischen Zusammenhalt unserer Gesellschaft. Mancher, der das Glaubensgut hinter sich gebracht zu haben meint, lebt ethisch als Christ.

Es ist nicht leicht, in einer solchen Situation die Wahrheit des Glaubens neu und radikal zu verkünden. Man meint, das Christentum schon längst zu kennen. Man hat die humanen Werte des christlichen Glaubens, wie zum Beispiel Solidarität und Bewahrung der Schöpfung, gleichsam abgeschöpft. Es wird schwer, in einer solchen Situation über sehr allgemein christlich eingefärbte Lebensauffassungen hinauszukommen und zu einem neuen Profil entschieden gelebten christlichen Glaubens zu gelangen und ihn gesellschaftlich zu entfalten.

III. Chancen einer Neu-Evangelisierung

Die notwendig gewordene zweite Evangelisierung muss die Frische und auch heute noch unerhörte Neuheit des christlichen Glaubens wieder zum Leuchten bringen. Wie kann man dies jedoch in einer Welt erreichen, die sich oft ihr fertiges Urteil gebildet hat und abgebrüht ist?

Es genügt in einer solchen Situation nicht mehr, das Bestehende und Überkommene als festen Besitz zu verwalten. In einer solchen Lage kommt es auch nicht darauf an, die institutionelle Dimension von Kirche auszubauen und zu erweitern, vielmehr müssen alle Strukturen danach beurteilt werden, ob sie die Menschen in der Kirche zum Zeugnis des Glaubens befähigen. Alle Pläne und Investitionen müssen daraufhin bedacht werden, ob sie der Hauptaufgabe dienen, nämlich Menschen für ein Lebenszeugnis ihres Glaubens in ihrer Umwelt vorzubereiten. Es kann nicht um die Vermehrung von Spezialisten und Experten gehen, sondern um das ansteckende Zeugnis jedes einzelnen Christen. Mit institutionellen Mitteln und mit hauptberuflich eingesetzten Personen allein lässt sich dies niemals erreichen. Auch jeder

Pfarrgemeinderat muss sich fragen, wo er die vordringlichsten Akzente seiner Arbeit sieht: wirklich zuerst in einer Steigerung des gelebten Zeugnisses von Glaube, Hoffnung und Liebe in der Gemeinde?

Dabei müssen Missverständnisse vermieden werden. Das eine Missverständnis legt nahe, Evangelisierung bedeute eine Minderung der sozial-caritativen Verantwortung der Kirche und einen Rückzug nur in die Innerlichkeit oder in den Binnenraum der Gemeinde. Dies wäre falsch. Wir können zwar unsere sozial-caritativen Dienste aus vielen Gründen kaum mehr größenmäßig ausdehnen, aber wir ziehen uns deswegen nicht in die geschützten Nischen der Gesellschaft zurück. Kirche ist für alle da und darf vor der Mitverantwortung für unser ganzes Leben nicht flüchten. Aber zweifellos sollten wir alle Einrichtungen der Kirche so verbessern, dass sie wirklich überzeugende, vorbildliche und weiterführende Leuchtzeichen in unserer Welt werden. Dies gilt vom Kindergarten bis zum Krankenhaus. »Evangelisierung« wird zwar jede verwandelnde und ermutigende Kraft aus der bisherigen Geschichte der Kirche zu vergegenwärtigen und lebendig zu erhalten versuchen. Wir wollen nichts verlieren oder gar preisgeben von dem, was sich bewährt hat. Aber die Neu-Evangelisierung vollzieht sich nicht einfach – und dies wäre das zweite Missverständnis – als bloße Wiederbelebung oder Wiederkehr früherer Traditionen. Die Kirche darf nicht bloß ängstlich auf das, was war und ist, zurückgreifen, sondern muss schöpferisch vom Evangelium her neue Brückenschläge in die Gegenwart hinein wagen. Ohne einen solchen Mut kann es keine wahre Evangelisierung geben. Dafür bedarf es auch neuer Wege und Methoden. Wir können dabei von anderen Kirchen und nicht zuletzt auch von den Erfahrungen einer erneuerten Volksmission lernen. Ich denke auch an die neueren geistlichen Bewegungen und ihre spirituellen Erfahrungen.

Vieles von dem, was künftig lebensnotwendig ist für die ganze Kirche, geschieht heute schon durch einzelne, in Gruppen, Verbänden, Gemeinden und geistlichen Gemeinschaften. Wir stehen nicht am Nullpunkt. Der Vortrupp bewegt sich schon im neuen Gelände.

Wie sieht Evangelisierung sonst noch aus? Ich will nur drei Punkte nennen:

1. Wir brauchen künftig erst recht Orte, Gruppen, Bewegungen und Gemeinden, in denen Menschen mit einem entschiedenen Willen zum Leben aus dem Glauben zusammenkommen, miteinander lernen und sich gegenseitig tragen. Diese Festigung von Glaube, Hoffnung und Liebe wird in der Diaspora-Situation des Christentums immer dringlicher. Nur so kann unser Glaube wieder deutlicher werden und ein klareres Profil gewinnen. Was wir als Christen gemeinsam tun können, sollten wir gemeinsam machen. Eine verwaschene und bekenntnisscheue Ökumene würde jedoch niemandem etwas nützen. Ich begrüße jedoch gemeinsame Versuche eines neuen Glaubenszeugnisses, wie wir sie zurzeit für unser Bistum in den evangelischen und katholischen Dekanaten des Odenwalds mit der Aktion »Neu anfangen« beginnen.

2. Wer fest gegründet ist im Wurzelwerk des Glaubens, der kann und wird öfter hinausgehen an die Grenzen der Kirche und der Gemeinde. Wir müssen »draußen« vieles sorgfältiger hören und mit feinerem Witterungssinn aufnehmen. Es gibt viele verborgene Anknüpfungsmöglichkeiten zu einem Gespräch über eine Sinnfindung aus dem Glauben. Alte Fronten sind zerbrochen. So gibt es außerhalb der Kirche viele Menschen, die tief von der Sorge um den Menschen bewegt sind. Man kann hier nicht nur neue Verbündete, sondern Sympathisanten und wohl auch neue Mitglieder finden.

3. Vielen Mitbürgern in unseren europäischen Gesellschaften ist nicht mehr bewusst, woher ihre Wert- und Lebensüberzeugungen kommen. Wie kann man zum Beispiel Menschenwürde für ausnahmslos alle und ohne jede Bedingung verlangen, wenn sie nicht letztlich in Gott begründet ist? Wir müssen den Mut haben, dem Glauben entsprungene und frei herumschwebende Motive, wie zum Beispiel Ehrfurcht vor dem Leben, in ihrer Herkunft zu identifizieren. Die christliche Substanz vieler Verhaltensweisen muss überhaupt erst wieder bewusst

gemacht werden. Wenn wir unserem Glauben mehr zutrauen, werden wir auch in der geistigen Auseinandersetzung wieder mutiger. Wir müssen geistig offensiver werden und dürfen uns nicht ständig in die Defensive und ins Abseits drängen lassen.

Die größte Herausforderung ist und bleibt die Frage nach Gott. Sie muss in ihrem ganzen Gewicht wieder sichtbar gemacht werden. Sie allein kann am Ende Menschen unruhig machen und sie erneut auf eine Suche bringen, die allein von ihm eine erfüllende Antwort empfängt.

Die Neu-Evangelisierung ist viel dringlicher, als wir gewöhnlich denken. Millionen von Mitbürgern in den neuen Bundesländern kennen das Christentum so gut wie gar nicht. Wo ist unsere Sendung geblieben, dass wir nicht schon längst aufgebrochen sind und ihnen die Hoffnungskraft des christlichen Glaubens bezeugen? Ost und West müssen in einem neuen Europa, dem gerade die innere Einheit fehlt, nicht nur ökonomisch und politisch zusammenwachsen. Dafür braucht es geistige Grundlagen. Was die Christen im Osten in bedrängenden Jahrzehnten an Glaubenskraft gerettet haben, darf in der Begegnung mit der westlichen Zivilisation nicht verloren gehen. Sie werden sich jedoch mit ihr gerade dann auseinander setzen müssen, wenn sie ihren Folgen und Nebenwirkungen nicht erliegen wollen. Wir können von ihnen lernen, wir können ihnen auch helfen. Nicht zufällig hat Papst Johannes Paul II. für den Spätherbst dieses Jahres eine Synode über die Stärkung der Kirche in Europa zusammengerufen. So müssen wir den eigenen Glauben tiefer entdecken, wenn es vom Boden des geeinten Europa aus um eine neue Zuwendung zu den heute oft in Vergessenheit geratenen jungen Völkern der Dritten Welt geht. Wir müssen uns auch stärker für einen neuen Dialog mit den anderen Religionen rüsten, die an einen Gott glauben. Wenn der unglückselige Krieg am Golf vorbei sein wird, gehört ein konstruktiver Dialog zwischen Christentum, Judentum und Islam in die vorderste Reihe der Aufbauarbeiten.

Unsere Welt hat sich in kurzer Zeit schlagartig verändert. Eine geistige Orientierung ist für uns Christen nicht möglich ohne eine radikale Neu-Evangelisierung.

11 | SORGE FÜR DEN LEIB

»Verherrlicht Gott in eurem Leib!« Vergessene Wahrheiten über den Sinn des menschlichen Leibes und das Heil

HIRTENBRIEF ZUR ÖSTERLICHEN BUSSZEIT 1994

Wir reden viel über Sexualität, aber wenig über den menschlichen Leib. Wir betrachten einzelne Funktionen der Geschlechtlichkeit und des menschlichen Leibes, verlieren aber immer mehr den ganzen Menschen mit Leib und Seele aus dem Blick. Einmal dient die Sexualität nur der Zeugung, dann wiederum nur dem Lustgewinn. Die verschiedenen Zielbestimmungen werden fast beliebig auseinander gerissen und isoliert. Es ist darum kein Wunder, dass der Mensch sich auch nicht scheut, viele natürliche Vorgänge künstlich nachzuvollziehen oder sogar, besonders bei Mängeln der Natur, durch die Technik zu ersetzen. So werden Samen- und Eizellen außerhalb des menschlichen Leibes kombiniert. Aber auch sonst wird der Leib des Menschen immer mehr zum »Objekt« vieler Manipulationen, Experimente und Operationen. Man entnimmt ihm Organe, um sie anderen einzusetzen. Erst vor kurzem wurden wir aufgeschreckt durch Nachrichten über den Organhandel in manchen Kliniken und über höchst fragwürdige Experimente mit Toten, so gut gemeint die Zielsetzung auch war.

In allen diesen Problemen, die jeweils eigens und sorgfältig behandelt werden müssen, ist die Frage verborgen, wie wir unseren Leib sehen. Die Antwort darauf entscheidet über die jeweilige Sicht und Wertung des Leibes …

Immer wieder haben die Menschen nach dem Sinn von Leib und Leiblichkeit gesucht. Die Heilige Schrift des Alten und des Neuen Testaments kennt zwar durchaus gemeinsame Strukturen des Menschseins, aber es gibt im Einzelnen auch verschiedene Auffassungen vom Menschen. Hebräisches und griechisches Empfinden, die jeweils verschieden sind, mischen sich hier. Darum ist es kein Wunder, wenn auch die Heilige Schrift verschiedene Sinnbestimmungen enthält über das, was »Leib« bedeutet.

Wenden wir uns dem heiligen Paulus zu. Er ist keineswegs so leibfeindlich, wie einige es bis auf den heutigen Tag meinen. Der Leib ist nichts Nebensächliches, er gehört wesentlich zum Personsein des Menschen. Durch den Leib steht der Mensch in einem stetigen Austausch mit seiner ganzen Welt. Er grenzt sich ab von anderen, bekommt eigene Individualität und steht zugleich in Solidarität und Kommunikation mit der ganzen übrigen Schöpfung. Die Leiblichkeit verbindet den Menschen darum mit allem, was ist. Dies gilt auch für das Verhältnis zu Gott selbst. Für den heiligen Paulus ist der Leib der Ort, an dem der Glaube lebt, und der Bereich, in dem der Mensch dient. Gott beansprucht uns ganz konkret, das heißt leiblich und leibhaftig. Gottes Handeln ist so konkret, dass er uns auf den Leib rückt.

Es ist nicht genügend in das Bewusstsein von uns Christen eingedrungen, was Paulus vom Leib und seinem Verhältnis zum Heil sagt. Wir dürfen den Leib nicht einfach zu den »äußerlichen« Elementen des menschlichen Lebens zählen, die letztlich wegen ihrer Vergänglichkeit gleichgültig sind. Paulus ruft vielmehr die Christen auf, ihre »Leiber als lebendige, heilige, Gott wohlgefällige Opfergabe darzubringen«. Dies ist »der wahre und angemessene Gottesdienst« (Röm 12,1). Die »Vernünftigkeit« des Gottesdienstes besteht gerade in der Ganzhingabe der Glaubenden an Gott. Ihm darf man nichts vorenthalten. Alles muss dem Herrn der Schöpfung übereignet und anvertraut werden. Man darf den Glauben nicht auf die Innerlichkeit beschränken. Auch die sozialen Bezüge, in denen jeder Einzelne lebt, sollen geheiligt werden.

Leib meint hier nicht zuerst den greifbaren menschlichen Körper, sondern die Gesamtheit aller Außenbeziehungen des Menschen, aber auch ihn selbst als leibseelisches Wesen, das zu anderen Menschen und zu Gott in Beziehung tritt. Der Dienst für Gott vollzieht sich so konkret im Alltag der Welt, dass unser Leib nicht als belanglos erscheinen darf. Deshalb ruft Paulus uns zu, dass der Bereich des Leiblichen von Gott beansprucht wird und unter seiner Herrschaft steht (vgl. 1 Kor 6,13). Nun folgen die vielleicht tiefsten Worte über den menschlichen Leib, die die Heilige Schrift uns hinterlassen hat: »Oder wisst ihr nicht, dass euer Leib ein Tempel des Heiligen Geistes ist, der in euch wohnt und den ihr von Gott habt? Ihr gehört nicht euch selbst; denn um einen teuren Preis seid ihr erkauft worden. Verherrlicht also Gott in eurem Leib!« (1 Kor 6,19f). Paulus sagt dies nicht nur von der ganzen Gemeinde (vgl. 1 Kor 3,16f), sondern buchstäblich von jedem einzelnen Christen. Jeder ist in seinem Leib und durch ihn ein Ort der bleibenden Gegenwart Gottes. Darum soll er auch durch seine ganze Existenz diese Gegenwart Gottes bezeugen und erfahrbar machen. Kein Lebensbereich lässt sich ausklammern.

II. Der Leib als Spiegel und Symbol des ganzen Menschen

Es kommt Paulus gerade darauf an, dass dies auch konkret für die leiblichen Lebensvollzüge gilt. Ein Schlagwort in Korinth lautete: »Die Speisen sind für den Bauch da und der Bauch für die Speisen; Gott wird beide vernichten« (1 Kor 6,13). In einer solchen Lebenseinstellung gibt man dem Körper einfach, was er braucht. Alles betrifft ohnehin nur den vergänglichen Teil des Menschen. Dies gilt auch für die sexuellen Bedürfnisse, denen man unbefangen nachgeben soll. Gerade hier setzt Paulus ein: Der Mensch lässt sich nicht in Leib und Geist aufspalten. Der Leib ist nicht nur vorübergehender Aufenthaltsort für den Geist und deshalb letztlich sittlich völlig neutral. Auch die Sexualität betrifft nicht nur den äußerlichen Bereich des Menschen.

Wenn der Leib so sehr tiefster und dichtester Ausdruck der Seele ist und so für das ganze Personsein des Menschen steht, dann haben auch die Handlungen, die wir in, mit und durch unseren Leib vollziehen, eine tiefe Bedeutung. Wir kennen dies von vielen Bewegungen, Gebärden und Gesten des Alltags. Wenn wir jemand grüßen oder die Hand geben, geben wir etwas zu verstehen. Nicht zufällig sagt man, dass Blicke töten können. Das Licht unserer Augen kann hasserfüllt werden. Unser Leib ist so auch immer ein Spiegel des ganzen Menschen. Am meisten sagt uns darum das Gesicht des Menschen. Wenn wir in das Gesicht eines Menschen schauen, begegnen wir ihm erst richtig.

Was über das Antlitz des Menschen gesagt wird, gilt grundsätzlich von allen leiblichen Vollzügen, auch im Bereich der menschlichen Sexualität. So bedeutet die intime Vereinigung von Mann und Frau im Kern und im Grund der Sache eine ausschließliche Hingabe der beiden aneinander und füreinander. Schon die Schöpfungserzählung sagt uns, dass dadurch Mann und Frau »ein Fleisch« (Gen 2,24) werden, womit nicht in erster Linie die körperliche Vereinigung für sich allein, sondern die ganz konkrete, leibhaftige Lebensgemeinschaft gemeint ist, die gerade so auch das Einswerden in der Liebe einschließt.

Die Sprache des Leibes muss darum aufrichtig sein. Sie darf nichts vormachen, was sie in Wirklichkeit nicht bezeugt. Sonst werden die Handlungen unseres Leibes zu einem Betrug und sie verlieren die tiefe Symbolkraft. Darum erblickt Paulus am Beispiel der Prostitution, also eines Sich-Einlassens mit einer Dirne, eine ganz grundlegende Verkehrung und Verzerrung dessen, was der Mensch in der sexuellen Begegnung tun und erfahren soll. So kann Paulus sagen: »Der Leib ist nicht für die Unzucht da, sondern für den Herrn, und der Herr für den Leib ... Oder wisst ihr nicht: Wer sich an eine Dirne bindet, ist ein Leib mit ihr? Denn es heißt: Die zwei werden ein Fleisch sein. Wer sich dagegen an den Herrn bindet, ist ein Geist mit ihm. Hütet euch vor der Unzucht! Jede andere Sünde, die der Mensch tut, bleibt außerhalb des Leibes. Wer aber Unzucht treibt, versündigt sich gegen den eigenen Leib« (1 Kor 6,13.16ff).

Es ist deutlich geworden, dass es der Heiligen Schrift nicht zuerst und allein um den moralischen Zeigefinger geht, sondern dass Verfehlungen dieser Art eine elementare Verzerrung im konkreten Menschsein sind, das Bild vom Menschen tief verletzen und auch eine grundlegende Unaufrichtigkeit darstellen. Dies ist der letzte Grund, warum die Kirche im Gehorsam gegenüber der Heiligen Schrift den ganzen Bereich des Leiblichen, besonders aber auch darin die Sphäre des Geschlechtlichen, schützt.

Natürlich weiß die Heilige Schrift um die Vergänglichkeit des Irdischen, das Verlöschen aller Schönheit und die Hinfälligkeit des Menschen gerade in seiner leiblichen Erscheinung. Dennoch wird das Leibliche nicht abgewertet, wie oft behauptet wird. Im Gegenteil, der bloßen Vergänglichkeit setzt der Glaube die Hoffnung auf die Auferweckung entgegen, die auch den Leib des Menschen einschließt (vgl. 1 Kor 15,44; Röm 8,11). Die höchste Würde des Leibes macht es aus, dass er für die Auferstehung bestimmt ist. »Gott hat den Herrn auferweckt; er wird durch seine Macht auch uns auferwecken« (1 Kor 6,14). Bei aller Zerstörung der menschlichen Erscheinung und beim irdischen Ende auch von Eros und Ehe (vgl. Mt 22,30), wird der Leib des Menschen durch den Tod nicht schlechthin vernichtet, sondern verwandelt. Darum bekennen wir Christen im Glaubensbekenntnis die Auferstehung des Fleisches. Der Christ hat zu den irdischen Dingen, zur Materie, einen tieferen Zugang als aller Materialismus. Er liebt sie, aber er vergötzt sie nicht, weil er um die Vorläufigkeit aller Kreaturen weiß.

III. Die Herausforderung der Gegenwart: Sorge um Leib und Leben

Diese grundlegende Einsicht der Offenbarung ist folgenreich. Der Christ hat eine Freude an der Schöpfung, ihrer Anmut und ihrer Schönheit. Er sorgt sich um die Reinheit und Gesundheit des Leibes. Darum schätzt er zum Beispiel die Heilkunst und den Sport. Er freut sich über das Glück der Liebe und ihre Fruchtbarkeit im Kind. Unsere Liturgie kennt manche Zeichen und Gebärden des Leibes, die vielsagend sind, vom Falten der Hände über das Kreuzzeichen, das den ganzen Leib umfasst, bis zur Anbetung auf den Knien. Den tiefsten Ausdruck findet dies alles in der Wandlung der Gaben von Brot und Wein in Leib und Blut des Herrn: »Nehmt und esst alle davon: Das ist mein Leib, der für euch hingegeben wird.« Der Christ sieht aber auch froh und dankbar in das vom Leben zerfurchte und gezeichnete Antlitz eines alten Menschen und er kann auch das Gesicht eines Toten ertragen. Vor der sterblichen Hülle eines Toten empfindet er Ehrfurcht, Respekt und Pietät, weil auch der Leichnam oft wacher und naher Ausdruck einer menschlichen Person ist und bleibt.

Diese Sicht des Leibes hat viel zu tun mit den zu Beginn dieses Schreibens genannten Problemen von heute. Der Mensch ist weder ein abstraktes Vernunftwesen, für das Leib und Leiblichkeit unerheblich wären, noch ein rein sinnliches Wesen, das der Triebsphäre die Totalsteuerung des Lebens überlassen dürfte. Die biologische Natur des Menschen, die körperlichen Funktionen und die leiblichen Vollzüge sind gewiss nicht bloß neutrales »Material«, aus dem sich alles formen lässt. Der Leib gehört viel enger zu uns selbst, als wir gewöhnlich denken. Es ist nicht zufällig, dass wir immer stärker auch die seelischen Bedingtheiten mancher Krankheiten erkennen. Wenn wir den anderen Menschen zum »Objekt« nur unserer Bedürfnisse und Befriedigungen machen, werden wir ihn rasch verletzen. Wenn der Mensch künstliche Eingriffe in seinen Leib vornimmt, die seine Natur umgestalten, muss er aufmerksam sein, dass er sich nicht selbst zum Nachteil verändert. Dies gilt für die Probleme zum Beispiel der künstlichen Empfängnisverhütung, der künstlichen Befruchtung und erst recht der Genmanipulation. Diese Sicht hat auch große Bedeutung für die Gestaltung der Sexualerziehung.

Leib und Leben gehören eng zusammen. Wer den Leib nicht schont und ehrt, greift das Leben an. Dies gilt nicht nur für Gewalttäter und Mörder, sondern schon dort, wo eine lebensfeindliche Mentalität erzeugt wird, die es nach und nach nicht mehr so ernst nimmt mit der Unverletzlichkeit des Lebens anderer. Die hohen Abtreibungszahlen in vielen Ländern sind dafür ein schockierendes Alarmzeichen. Aber auch der immer unverschämtere Umgang in vielen Medien mit der Frau, der Sexualität, dem Miteinander von Mann und Frau innerhalb und außerhalb der Ehe gehört hierher. Das zwanzigste Jahrhundert hat sich ungeheuer am Leben der Menschen versündigt: die Toten der Weltkriege, die Opfer in den Straflagern und KZs, massenhafte Vergewaltigung von Frauen als Mittel im Krieg. Es wird Zeit, dass wir Leib und Leben bereits in den ersten Anfängen und in jeder Hinsicht schützen, damit nicht nach und nach Menschenwürde noch geringer geschätzt wird. Am Ende steht die Respektlosigkeit auch vor dem Sterbenden und dem Tod ...

Viele Dinge liegen auf der Hand. Wir sträuben uns vielleicht gegen manche Einsichten der Bibel. Unser Lebensgefühl ist anders, die Lebensgewohnheiten vieler Menschen sind anders orientiert, aber Heilung finden wir nur durch das wirkliche Gegenmittel, die Weisung Gottes: »Leben und Tod lege ich dir vor, Segen und Fluch. Wähle also das Leben, damit du lebst, du und deine Nachkommen« (Dtn 30,19).

ÖFFENTLICHE VERANTWORTUNG DER CHRISTEN

12 | VERBINDLICHE LIEBE

Nichteheliche Lebensgemeinschaften und christliche Ehe

HIRTENBRIEF ZUR ÖSTERLICHEN BUSSZEIT 1984

In den ersten Monaten meines Wirkens in unserem Bistum bin ich bei den Besuchen in den Gemeinden, aber auch in vielen Begegnungen mit Priestern, pastoralen Mitarbeitern und Laien sowie in vielen Briefen vor allem von Eltern auf eine Erscheinung unseres gesellschaftlichen Lebens aufmerksam geworden, die in den letzten Jahren sehr an Häufigkeit zugenommen hat: Ich meine die Beziehungen, die man mit Begriffen wie »Ehe ohne Trauschein«, »eheähnliches Verhältnis«, »wilde Ehe« zu umschreiben sucht. Auch wenn es viele Formen gibt, so ist der Keim der Sache deutlich: Ein Mann und eine Frau wohnen zusammen und verhalten sich aufgrund einer persönlichen Bindung weitgehend wie Verheiratete, ohne eine vor dem Standesamt und einer Kirche geschlossene Ehe mit ihren rechtlichen Folgen einzugehen. Diese Lebensform unverheirateter Paare hat sich während der letzten zehn bis fünfzehn Jahre vor allem in Nord- und Mitteleuropa sehr verbreitet. Auch wenn für die Bundesrepublik Deutschland keine gesicherten Daten vorliegen, so darf man annehmen, dass die Gesamtzahl der Personen in freien Lebensgemeinschaften in unserem Land etwa einer Million gleichkommt. Die 18–30-Jährigen bilden dabei knapp die Hälfte; in städtischen Verhältnissen dürfte etwa ein Viertel der unverheirateten jugendlichen Erwachsenen in einer nichtehelichen Gemeinschaft leben. Dabei gibt es in Europa und in der Bundesrepublik Deutschland vermutlich ein Gefälle vom Norden zum Süden und von der Stadt zum Land. Die Folgen einer Trennung werfen sehr schwierige Probleme für die Rechtsprechung auf. So ist es kein Wunder, dass sich in den

Buchhandlungen die Veröffentlichungen häufen, die Rechtsratgeber sein wollen für ein »Zusammenleben ohne Trauschein«.

Wir wollen das Phänomen des »eheähnlichen Zusammenlebens« vom menschlichen und christlichen Verständnis der Ehe her und aus der Sorge der Kirche um das wahre Glück und das ganze Heil des Menschen betrachten.

I. Warum gibt es immer mehr nichteheliche Lebensgemeinschaften?

Gewiss hat es innerhalb und außerhalb der Geschichte der christlichen Kirche Formen eines eheähnlichen Zusammenlebens gegeben. Gewöhnlich ist dafür bis heute das Wort Konkubinat in Gebrauch. Vor allem in der Nachkriegszeit gab es so genannte »Onkelehen«, wo eine Witwe mit einem neuen Partner zusammenlebte, den sie aber nicht heiratete, um die nach dem Tod ihres Mannes erhaltene Rente nicht zu verlieren. Was aber früher eine soziale Randerscheinung war, ist innerhalb weniger Jahre fast zu einer gesellschaftlichen »Normalität« geworden. Jedenfalls wird ein freies Zusammenleben toleriert oder nicht beanstandet. Vielen erscheint die Ehe als altmodisch. Das ist das Neue.

Hinter den Daten und Zahlen steht eine sehr komplexe Wirklichkeit, die man erst behutsam verstehen muss, bevor man jeweils ein Urteil abgibt. Die gegenwärtige Situation konnte vor allem bei jungen Menschen nicht entstehen ohne die wachsende wirtschaftliche Unabhängigkeit der Frau, die Möglichkeit einer Haushaltsgründung in jungen Jahren und die Verbreitung der modernen Methoden der Geburtenkontrolle. Manche Menschen, vor allem aus schon gescheiterten Ehen, fürchten die finanziellen Folgen einer Scheidung. Andere lehnen die Ehe als »überkommenes Verhaltensmuster« ab, das durch seine »Zwänge« die freie, partnerschaftliche Liebe nicht stütze, sondern gefährde. Auf jeden Fall vermeidet man zunächst oder überhaupt das Eingehen einer Ehe. Darum sollte man auch nicht von »eheähnlichen Verhältnissen«, »Ehe ohne Trauschein«, »wilder Ehe« reden. Schließlich geht es beim Trauschein nicht bloß um den Stempel des Standesamtes oder eine zu Gemüt gehende Feierlichkeit in der Kirche. Man spricht besser von nichtehelichen Lebensgemeinschaften.

Es gibt unter diesen freilich viele Situationen und Typen. Weil dies zum Verständnis der Sache, für das Gespräch mit jungen Menschen und im Blick auf entsprechende Hilfen wichtig ist, wollen wir in den Grenzen dieses Schreibens drei Gruppen unterscheiden, wobei wir uns der vielfältigen Wirklichkeit bewusst bleiben wollen:

1. Gemeinschaft von Mann und Frau in relativ stabiler Form, um nach gemeinsamen Interessen zu leben, vor allem im Bereich der Sexualität, ohne dass dies schon eine umfassende Lebensgemeinschaft einschließt; sexuelle Gemeinschaft wird von der Ehe abgekoppelt.

2. Nichteheliche Lebensgemeinschaften mit dem Wunsch nach einer tragfähigen und zuverlässigen zwischenmenschlichen Beziehung: Man schließt nicht aus, später einmal zu heiraten (»Probe-Ehe«), kann sich jetzt jedoch nicht zu einer bindenden, dauernden Form der Ehe entschließen, vor allem hinsichtlich der rechtlichen Wirkungen.

3. Nichteheliche Lebensgemeinschaft, die die Eheschließung und die öffentliche Gestalt von Ehe überhaupt grundsätzlich als gesellschaftliche Zwänge ablehnt und neue Formen des freien Zusammenlebens ausbilden will (»Alternativ-Ehe«). Die freie Beziehung werde dadurch nicht zerbrochen, sondern verstärkt.

Wir sprachen von äußeren Umständen, die die Bildung freier Lebensgemeinschaften begünstigen. Dazu gehören vorausgegangene sexuelle Erfahrungen, die Freizügigkeit der Umwelt und nicht selten auch unglückliche Ehen der Eltern. Entscheidend ist jedoch der Wandel der Grundeinstellungen zu Ehe und Familie, die geistig schon lange vorbereitet waren und nun in breiter Form wirksam werden. Dabei geht es hauptsächlich um zwei eng zusammenhängende Phänomene:

1. Die Ehe zählt als etwas so Privates, dass sie in Gegensatz kommt zu ihrer öffentlichen Gestalt und Bedeutung. Das freie, individuelle Partnerverhalten erscheint nur als eine Sache der Zuneigung einzelner Menschen, die in keinem Fall durch irgendwelche Formen »gesellschaftlicher Reglementierungen« berührt werden darf. Das personalpartnerschaftliche Verhältnis hat eindeutigen Vorrang gegenüber allen Institutionen des Staates und der Kirchen.

2. Eine lebenslange Bindung erscheint nicht wenigen ohnehin als fragwürdig. Der Mensch sei nämlich ein offenes Wesen, das sich erst selbst verwirkliche und dabei auch tief greifende Veränderungen erfahre. Man dürfe den Menschen nicht in einem unrealistischen Vorgriff auf das ganze Leben ein für alle Mal festlegen. »Leer« gewordene Bindungen dürften so nicht die Möglichkeit verhindern, mit sich selbst und anderen neue Erfahrungen zu machen. Das spontane, echte, im Wagnis bewährte Erfahren von Liebe müsse stets offen gehalten werden für andere Partnerbeziehungen. Wenn dies nicht möglich ist, wird Ehe als »Zwang« und »Einschränkung« empfunden.

II. Was sagt dazu das christliche Verständnis der Ehe?

Um hier eine volle Antwort zu geben, muss man die ganze, oft unausgelotete Tiefe der christlichen Auffassung von der Ehe durchdenken. Dies kann hier nur in Auswahl und sehr knapp geschehen, wobei wir die Frage der nichtehelichen Lebensgemeinschaften streng im Auge behalten wollen.

1. Ehe hat etwas mit Liebe zu tun. Für unsere personalpartnerschaftliche Auffassung von Ehe ist dies fast zu selbstverständlich geworden. Ein Mann und eine Frau haben Zuneigung zueinander. Sie mögen sich. In der Liebe werden zwei verschiedene Menschen eins. Wahre Liebe sagt ganz und gar Ja zu dem konkreten Anderen, nicht nur zu seiner jugendlichen Schönheit oder zu seinen außergewöhnlichen Leistun-

gen. Liebe anerkennt den Anderen, auch wenn er älter wird und sich Grenzen und gar Fehler zeigen. Der Liebende sagt im Grund seines Herzens: Es ist gut, dass es dich gibt. Ich möchte, dass du immer für mich da bist, wie auch ich immer für dich dasein möchte. Die Liebe ist so stark, dass sie auch die Andersartigkeit des Partners zu ertragen und seine Endlichkeit anzunehmen sich zutraut. So gehört zu jeder Liebe, die Lebensgemeinschaft begründen will, notwendig das entschiedene Jawort der beiden zueinander. Dieses Ja entstammt der Liebe, fügt ihr jedoch noch etwas hinzu, was bei der Launenhaftigkeit und der Unstetigkeit des Menschen, der immer auch zu einem Vagabunden der Liebe neigt, einer eigenen Bekräftigung bedarf: Ich will dir »unter jeder Bedingung« und immer meine Liebe schenken. Die Treue will der getroffenen Wahl Dauer verleihen und zur Echtheit der Liebe stehen. Erst dieses bedingungslose Jawort, das Mann und Frau in aller Freiheit einander zusagen, stiftet Ehe.

2. Da dieses Jawort aus der Tiefe der liebenden Zuneigung kommt, kann es keine Nebensache sein, ob man es laut und vernehmlich sagt oder nicht. Es soll ein Versprechen sein, das alle hören. Es möchte durch die Mitteilung an andere und das Sprechen vor anderen seine Verlässlichkeit unterstreichen. Zum Eheversprechen gehört darum Öffentlichkeit. Diese raubt dem Jawort nicht seine personale Einmaligkeit. »Die Personalität der Liebe und die Intimität der Beziehung«, so sagt ein ökumenisches Wort zur Ehe, »brauchen diese Elemente der Verbindlichkeit und Objektivität um der Zukunft der Ehe willen ... Die Öffentlichkeit des Eheversprechens nimmt diesem nicht den diskreten Ursprung in der unmittelbaren und ganz persönlichen Liebe der Partner; es bedeutet Schutz und Anerkennung, Unterstützung und Zeugenschaft für das ergangene Ja-Wort und für den gemeinsamen Weg. Ohne die so verstandene institutionelle Verfassung der Ehe bleibt die angestrebte Lebensgemeinschaft einer zerstörerischen Unsicherheit ausgesetzt; dies führt zu einer stetigen Gefährdung des Vertrauens, auch wo dies zunächst nicht erkannt und nicht eingestanden wird« (Die Deutsche Bischofskonferenz – Der Rat der Evangelischen Kirche

in Deutschland, »Ja zur Ehe« vom Oktober 1981, II, 2–3). An dieser Nahtstelle entspringen wie aus einer Wurzel und untrennbar das persönliche Jawort der Liebenden, die Institution Ehe und die Öffentlichkeit des bindenden Versprechens.

3. In der Ehe suchen die Partner nicht nur sich selbst. Sie dürfen ihre beschränkten Interessen nicht allein zur Zukunft ihrer Ehe machen. Schon gar nicht darf jeder nur um seine runde »Selbstverwirklichung« allein besorgt bleiben. Wenn Menschen einander das Ja der Liebe geben, öffnen sie sich zugleich für ein größeres Wir. Ehe als »Isolation zu zweit« wäre ein tiefes Missverständnis. Eine gute Ehe gewährt Platz für Freunde und für viele Formen menschlicher Nähe. Die Liebe drängt jedoch in besonderer Weise danach, sich zu verschenken. Sie möchte teilnehmen lassen an ihrem Glück. Dies erweist sich grundsätzlich in der Bereitschaft zum Kind. Die lebensweckende Fruchtbarkeit entspringt der Liebe der Eheleute. Auch wenn die menschliche Geschlechtlichkeit nicht ausschließlich auf die Zeugung angelegt ist, so bleibt sie wesentlich darauf hingeordnet. Das entschiedene, dauerhafte Ja der Eheleute zueinander schafft zugleich den angemessenen Raum für den Empfang eines Kindes und eine Begleitung für dessen Lebensweg. Wer also grundsätzlich bei einem stetigen nichtehelichen sexuellen Verkehr ein Kind ausschließt und so Geschlechtsgemeinschaft radikal von der Ehe lostrennt, verfehlt das, was menschliche Liebe in einem erfüllten Sinn heißt und gewährt. Schließlich zerstört man so auch das Wesen von Ehe. Aufweichende und unklare Worte wie »Ehe ohne Trauschein«, »eheähnliches Verhältnis«, »freie Ehe« täuschen letztlich gerade darüber hinweg.

4. Ein uneingeschränktes Ja für die noch unbekannte Zukunft zweier Menschen in eine unvorhersehbare Geschichte hinein ist gewiss ein großes Wagnis. Der Charakter des Risikos bleibt aber in jedem Fall. Es erhöht sich sogar, wenn die Zustimmung an bestimmte Bedingungen geknüpft oder von vornherein auf Zeit gegeben wird. Wo aber das Vertrauen uneingeschränkt und vorbehaltlos geschenkt wird, entbindet

es ungeahnte Kräfte der Zuneigung und der Treue, die Belastungen gewachsen sind und Konflikte meistem. Darum ist ein endgültiges Eheversprechen, wenn es das ganze Gewicht der Liebe beider Partner einbringt, nichts Einengendes oder Steriles, sondern befreit nach vorne zu einem intensiven gemeinsamen Leben, das freilich immer wieder in einer neuen Verantwortung füreinander übernommen werden muss. Die Bereitschaft zu einer solchen Bindung gehört zum Ernst und zur Reife der Liebe. Das Eheversprechen befreit von der Willkür und den wechselnden Einstellungen der Partner. Sie nehmen sich gegenseitig als Person an. Man muss geradezu sagen: Nur unbedingte Bindung macht wirklich frei. »Probe-Ehe« ist ein Widerspruch in der Sache.

5. Diese Eigenschaften von Liebe und Ehe können Vernunft und Erfahrung erkennen, wenn sie auch vielleicht erst dem Auge des Glaubens voll zugänglich werden. Im Grunde kann der endliche Mensch das unbedingte Ja der Liebe zu einem anderen Menschen hinein in die dunkle Zukunft nur vor dem Angesicht Gottes und im Vertrauen auf seine Führung wagen. Er hält und trägt, stützt und heilt das zerbrechliche Ja der Ehegatten. So muss man mit der Bibel bekennen: Gott selbst verbindet die Menschen in der Ehe. Die christliche Ehe macht dies sichtbar. »Um Gott als Zeugen des Eheversprechens anzurufen und sich in seinen Segen und Beistand zu bergen, gibt es die kirchliche Form der Eheschließung« (»Ja zur Ehe«, II, 1). Die Ehe führt nach katholischer Auffassung noch tiefer in das Geheimnis Gottes hinein. Jesus weist auf die Hartherzigkeit der Menschen hin als Grundübel eines falschen Denkens und Verhaltens bezüglich der Ehe und ermutigt vom Evangelium Gottes her zur vorbehaltlosen Treue. Die Ehe wird hineingenommen in das Geheimnis Jesu Christi. Sie lebt von der großen Lebenshingabe des Herrn, die sich in der törichten Liebe am Kreuz zugunsten aller Menschen vollendet. Jesus gibt seine Existenz für das Leben der Welt. Wenn die Ehe in diesem Zeichen angenommen wird, schöpft sie immer wieder von Jesus Christus her aus der Vergebung und schenkt ein Neu-anfangen-Dürfen. Darum wird die von Christen

eingegangene Ehe von selbst zu einem Zeichen, das an diesem Lebensgeheimnis Jesu Christi teilhat. Sie ist – so lehrt unser Glaube – ein Sakrament. Dieses ereignet sich nicht neben oder gar über der alltäglichen Wirklichkeit der Ehe. Nirgends ist eine menschliche Realität so tief durchdrungen von der Gnade Gottes wie im Ehesakrament. So kann die Ehe in ihrer ganzen Nüchternheit, aber auch in ihren hohen Stunden angenommen werden, ohne je banal oder verklärt werden zu müssen. Um diese Wirklichkeit voll zu erfahren, darf man jedoch nicht bloß ein »Taufscheinchrist« bleiben, sondern muss sich mutig in die Nachfolge Jesu Christi hineinbegeben, in der sich die Macht von Glaube, Hoffnung und Liebe für das Leben in der Ehe reich erschließt.

III. Wie sollen sich die Kirche und die Christen verhalten?

Nichteheliche Lebensgemeinschaften vor allem junger Menschen bringen oft Ratlosigkeit und Auseinandersetzung in Familien und Freundeskreise, Verbände und Gemeinden. Man lehnt freie Lebensgemeinschaften zunächst radikal ab, duldet sie aber schließlich nicht selten in heimlicher Trauer und großer Sprachlosigkeit. Vielerorts ist man sich uneins. Wie sollen die Kirche und die Christen reagieren?

1. Entscheidend ist, dass das positive Zeugnis der christlich gelebten Ehe gestärkt wird. Hier muss die Kirche in Verkündigung, Theologie und Katechese, Religionsunterricht und Erwachsenenbildung noch bessere Kräfte des Arguments und der Überzeugung aufbieten, um die großen Grunderfahrungen des Menschen wie Liebe und Treue, aber auch Trauung und Sakrament der Ehe ohne Entstellungen und Verkürzungen zum Leuchten zu bringen. Eine unübersehbare Bedeutung bekommt das gelebte Beispiel der christlichen Ehe. Junge Menschen, die in der täglichen Umgebung von Freunden, Geschwistern und Eltern die Wirklichkeit der Ehe fast nur als Behinderung, Belastung und freudlose Einrichtung erleben, sind mit noch so guten Worten allein nicht leicht von der Notwendigkeit der Ehe als Lebensform für das Zu-

sammensein von Mann und Frau zu überzeugen. Viele Christen führen eine gute Ehe, aber sie halten ihre Art der ehelichen Lebensgemeinschaft für so »selbstverständlich«, dass sie ihre eigenen Erfahrungen nicht oder nur unzureichend anderen mitteilen können. Wo Mann und Frau über ihr gemeinsames Leben kein Wort wagen, verwundert die Sprachlosigkeit gegenüber der jüngeren Generation nicht. Christliche Eheleute müssen lernen und dazu befähigt werden, sich aufgrund ihrer Lebenserfahrungen mit den Jungen sachlich auseinander zu setzen.

Jedes christliche Zeugnis von der Ehe sollte keinen Zweifel daran lassen, dass die Ehe der einzige Ort zur ganzen Erfüllung der menschlichen Sexualität ist und von sich aus unwiderrufliche Treue erfordert, die durch das Sakrament bekräftigt und unterstützt wird. Nichteheliche Lebensgemeinschaften widersprechen dieser Grundfigur einer christlich verstandenen Ehe und sind entweder fragwürdige Vorformen oder gar späte Zerfallsformen müder gewordener Kulturen von Ehe. An der Klarheit dieser Grundüberzeugungen darf kein Zweifel sein.

2. Unsere Überlegungen haben gezeigt, dass es die nichteheliche Lebensgemeinschaft als solche nicht gibt. Alles kommt darauf an, mit sensiblem Unterscheidungsvermögen die verschiedenen einzelnen Situationen einschätzen und differenzieren zu lernen. Am wichtigsten ist die bereits genannte (vgl. Teil I) zweite Gruppe derer, die eine Ehe nicht von vornherein ausschließen (»Probe-Ehe«). Man darf solche Lebensgemeinschaften nicht pauschal gleichsetzen mit beliebig abbrechbaren Partnerschaften und von vornherein als ganze diffamieren. Oft ist in ihnen nämlich die Sehnsucht nach Gewissheit in der Liebe verborgen gegenwärtig. In vielen Gemeinschaften dieser Art lebt eine aufrichtige Gesinnung und ein ernsthafter Wille, den wirklich verlässlichen Partner zu finden. Viele sind über die geringe Tragfähigkeit vieler heutiger personaler Beziehungen enttäuscht. Manchmal kann man unschwer erkennen, dass die Liebe solcher Partner Zuwendung und Sorge, Verlässlichkeit und Tragfähigkeit umfasst, jedoch zögernd, ängstlich und geschwächt ist im Blick auf eine durchgreifende Grundentschei-

dung zum Eingehen einer Ehe. Da fast alle Vorformen der Eheschließung (auch die Verlobung) und eine stufenweise Vorbereitung auf die Ehe im Niedergang begriffen sind, erscheint diese Form der nichtehelichen Lebensgemeinschaft wie eine letzte Probe. In der Spannung zwischen dem mehr oder weniger offenbaren, aber doch vorhandenen Wunsch nach dauerhafter und verlässlicher Bindung und dem Noch-nicht-Finden oder gar Verweigern einer ehelichen Dauerbeziehung liegt der Ort des Einstiegs für das notwendige Gespräch. An dieser Stelle muss man die Bindungsangst verstehen, weil das Führen einer geglückten Ehe zumal unter den modernen Lebensbedingungen gewiss schwierig ist. Man muss aber auch versuchen, diese Bindungsangst abzubauen und das Vertrauen in die Kraft treuer Liebe zu stärken. Hier könnten schrittweise die Gedanken zum Tragen kommen, die wir in Teil II entfaltet haben, selbstverständlich durch die persönliche Erfahrung angereichert und konkretisiert.

3. An diesem kritischen Punkt haben alle Partner, die mit jungen Menschen vor oder in nichtehelichen Lebensgemeinschaften zu tun haben, eine hohe Verantwortung. Die Klarheit in der Sache darf nicht – aus verständlichem Schmerz oder persönlicher Enttäuschung heraus – zu unklugen Handlungen führen. So verbietet sich jedes massive Drängen von außen auf eine Eheschließung, oft noch verbunden mit Drohungen. Auf jeden Fall müssen das Gespräch mit den Betroffenen und die Beziehung zu ihnen aufrechterhalten werden. Junge Menschen brauchen gerade dann einen Ort letzten Vertrauens. »Wenn alle Stricke reißen, kann ich wieder nach Hause gehen«, sagte ein skeptisch Gewordener. Eltern und Geistliche, Freunde und pastorale Mitarbeiter, Verwandte und Erzieher müssen bereit sein, Weggefährten und Begleiter zu sein, um das Eingehen einer nichtehelichen Lebensgemeinschaft eventuell vermeiden zu helfen oder ein solches Verhältnis auf eine Ehe hin mitzuentwickeln, sofern dafür nach verantwortlicher Prüfung ernsthafte Voraussetzungen gegeben sind. Ehe und Eheschließung dürfen dabei nicht nur oder bloß als auferlegtes »Gesetz« und als »Pflicht« hervorgehoben werden, sondern als der eigene innere Sinn

und die dynamische Erfüllung der vollen Liebe zwischen Mann und Frau. Wo der Wille zur Treue nicht eindeutig entschieden ist, kann er auch durch ein probeweises Vorwegnehmen der ehelichen Gemeinschaft nicht ersetzt werden.

4. Schwieriger wird ein Gespräch mit der dritten Gruppe (vgl. Teil I), die die nichteheliche Lebensgemeinschaft als prinzipielle gesellschaftliche Alternative zur Ehe ansieht. Hier stützt man sich auf ein falsches Verständnis vom Menschen, in dem überzogene Emanzipationsideale, schrankenlose Selbstbestimmung (Autonomie) und antiinstitutionelle Affekte verwurzelt sind. Auch in diesen sehr problematischen Situationen darf der Faden des Gesprächs nicht abgerissen werden. Wendepunkte gibt es hier oft nur dann, wenn schwere Konflikte aufbrechen oder die sozialen Grenzen »freier Lebensgemeinschaften« – »Man kann sich auch nicht alles erlauben« – fühlbar werden.

Mit jenen Vertretern, die die Möglichkeit nichtehelicher Lebensgemeinschaften geradezu ideologisch propagieren und viele junge Menschen in die Irre führen, muss ein sachlich-faires, aber entschiedenes Streitgespräch über das zugrunde liegende Menschenbild geführt werden – viel mehr als bisher. Gegenüber weitgehenden gesellschafts- und rechtspolitischen Überlegungen und Prozessen in Richtung einer Gleichbehandlung von Ehe und nichtehelicher Lebensgemeinschaft muss – auch von den Gerichten und vom Gesetzgeber – frühzeitig daran erinnert werden, dass nach Artikel 6 unseres Grundgesetzes die Ehe unter dem »besonderen Schutz« des Staates steht. Nicht zuletzt die Buch- und Zeitschriftenverlage sowie die Medien haben durch die Notwendigkeit einer sachlichen, umfassenden Aufklärung gegenüber der Zukunft der Ehe eine hohe Verantwortung.

Am Ende möchte ich die jungen Menschen um ihre besondere Mitarbeit bitten. Die christliche Ehe hat sich im Lauf ihrer Geschichte immer wieder gewandelt und dadurch ihre Lebensfähigkeit und ihre Überlegenheit erwiesen. Sie ist auch heute offen für eine Erneuerung und Vertiefung ihrer Gestalt. Bringen Sie Ihren Beitrag zu einer solchen Erneuerung und Vertiefung in das jahrtausendealte Ringen der Menschen um die jeweils angemessene Form der Ehe ein und dienen Sie so der Zukunft der Ehe in unserer Gesellschaft (vgl. auch den Schlussabsatz im Ökumenischen Wort »Ja zur Ehe«). Die Kräfte der christlichen Ehe sind noch längst nicht erschöpft.

Die betroffenen Eltern bitte ich nicht minder, die aufgezeigten Wege zu beschreiten, sich nicht ausweglos in die Suche nach möglicher eigener Schuld zu verstricken und dadurch vielleicht den Blick für positive künftige Klärungen zu verstellen. Ich wünsche Ihnen dazu Entschiedenheit in der Sache und gütiges Verständnis, die Kraft der Hoffnung in Geduld und die Langmut der Liebe.

Eines dürfte gewiss sein: Der Anspruch nach dauerhafter Bindung in der Ehe liegt in der Tendenz wahrer Liebe; aber er lässt sich nicht allein mit einem Blick auf sich ändernde Situationen und wechselnde Gefühle begründen. Er ist angewiesen auf Rückbindungen, die den Augenblick überdauern, dass Unbedingte im Menschen achten und eine nicht enttäuschbare Zukunft gewährleisten. Eine solche Gewissheit kann in letzter Begründung nur der Glaube an Gott schenken.

13 | SCHUTZ DES UNGEBORENEN KINDES

»Deine Augen sahen, wie ich entstand.« Warum die Kirche für einen besseren Schutz des ungeborenen Kindes eintritt

HIRTENBRIEF ZUR ÖSTERLICHEN BUSSZEIT 1989

I. Abtreibung als Herausforderung in Geschichte und Gegenwart

Wir spüren heute in oft bedrückender Weise, wie das Leben auf unserer Erde vielfach gefährdet und zerstört wird. Waldsterben und Wasserverschmutzung, Robbensterben und Ozonloch genügen als Schlagworte zur Erinnerung. Zugleich geschehen außerordentliche Anstrengungen zum Schutz des Lebens, zum Beispiel vom Aussterben bedrohter Pflanzen und Tiere. Aber oft gehen die Menschen mit dem Leben wie mit Kehricht um, den man von der Tenne fegt. Raserei auf den Straßen, Terroranschläge, Folter und gesetzlose Hinrichtungen sowie kriegerische Auseinandersetzungen bezeugen, wie wenig der Mensch in seiner Würde wert ist. Überhaupt misstrauen wir schon lange dem Leben. Der in unserem Land besonders anhaltende Geburtenrückgang verrät etwas von dem geringen Vertrauen in die Zukunft. Vielleicht zeigt sich jedoch die Zerstörung von Leben nirgends aufregender als in den circa 200.000 bis 300.000 Abtreibungen, die jährlich erfolgen.

Die Menschen sind in der Haltung zum so genannten »Schwangerschaftsabbruch« gespalten. Ein tiefer Riss geht durch unser Volk. Der Widerspruch wird aber auch sonst noch in vielen Formen offenkundig: Eine Partei, die sich besonders dem Erhalt unserer Lebensbedingungen widmen möchte, setzt sich für die völlige Freigabe der Abtreibung ein. Ärzte, die am Morgen fast am laufenden Band Abbrüche vornehmen, möchten am Nachmittag unter größtem Aufwand durch die künstliche Befruchtung außerhalb des Mutterleibes dem Leben dienen. Dies sind nicht nur Widersprüche im Denken und Handeln Einzelner, sondern die Situation zeugt besonders vom zunehmenden Schwinden gemeinsamer ethischer Grundüberzeugungen und vom fast uneingeschränkten Vorrang persönlicher Lebenseinstellungen.

Die hohen Abtreibungszahlen sind gewiss ein unerträglicher Skandal gerade in unserer Gesellschaft. Aber die Abtreibung war immer schon eine Geißel in der Menschheitsgeschichte. Christentum und Kirche haben zu allen Zeiten den Kampf gegen die Tötung der Ungeborenen und Aussetzung des neugeborenen Kindes aufgenommen, aber sie konnten dieses Übel trotz energischer Bemühungen nicht beseitigen. Es ist gut, wenn auch wir heute dies nie vergessen, ohne darum unsere beständige Kraft des Widerstands erlahmen zu lassen.

Das Alte und das Neue Testament enthalten keine ausdrücklichen Hinweise auf die Abtreibung selbst, wohl aber sind das Tötungsverbot und die Heiligkeit des Lebens eindeutig verbürgt. Aber trotz des Fehlens konkreter Aussagen hat schon die Kirche der apostolischen Zeit die Abtreibung untersagt. Die Christen wussten dabei um ihren besonderen Auftrag, auch wenn sie sich sonst nicht von den Menschen ihrer Zeit unterschieden: »Sie heiraten wie alle und zeugen Kinder, jedoch setzen sie die Neugeborenen nicht aus« (Brief an Diognet, 5,6). Der Kirchenvater Tertullian schreibt um 200: »Wir hingegen dürfen, nachdem uns ein für alle Mal das Töten eines Menschen verboten ist, selbst den Embryo im Mutterleibe ... nicht zerstören. Ein vorweggenommener Mord ist es, wenn man eine Geburt verhindert; es fällt nicht ins Gewicht, ob man einem Menschen nach der Geburt das Leben raubt oder es bereits während der Geburt vernichtet. Ein Mensch ist auch schon, was erst ein Mensch werden soll – auch jede Frucht ist schon in ihrem Samen enthalten« (Apologeticum, 9.8). So gehört der Kampf gegen die Abtreibung von den Anfängen der Kirche an zu den unverzichtbaren und eigenen Prägungen der christlichen Lebensauffassung. Die strengen und oft recht harten Bestimmungen der Konzilien und des Kirchenrechts belegen, dass auch der Kampf in den eigenen Reihen recht schwierig war. Diesen Auftrag, das ungeborene Kind zu verteidigen und zu schützen, hat die Kirche trotz aller Hindernisse in ihrer Verkündigung und in ihrem Lebenszeugnis zu erfüllen gesucht. So sagt das Zweite Vatikanische Konzil: »Gott, der Herr des Lebens, hat nämlich den Menschen die hohe Aufgabe der Erhaltung des Lebens übertragen, die auf eine menschenwürdige Weise erfüllt werden muss. Das Leben ist daher von der Empfängnis an mit höchster Sorgfalt zu schützen« (Zweites Vatikanisches Konzil, Pastoralkonstitution über die Kirche in der Welt von heute, »Gaudium et spes«, Art. 51).

Bis zum Ende des 18. Jahrhunderts wurden Mord, Kindsmord und Abtreibung vielfach mit dem gleichen Strafmaß verfolgt. Inzwischen ist ein einschneidender Wandel in der rechtlichen Regelung erfolgt. Trotz aller dieser Änderungen wird jedoch der Schwangerschaftsabbruch im Strafgesetzbuch (§§ 218 und 219) unter der Überschrift »Straftaten gegen das Leben« erfasst: Der Schwangerschaftsabbruch bleibt auch nach der Reform der Jahre 1974/1976 grundsätzlich eine strafbare Handlung. Dies wird oft vergessen. Das Bundesverfassungsgericht hat bei der langwierigen und stark umkämpften Gesetzgebung im Jahre 1975 das zuerst geplante Modell der »Fristenregelung« verworfen. Diese Regelung, die in einigen Nachbarländern verwirklicht ist, sah vor, dass der Schwangerschaftsabbruch in den ersten drei Monaten ohne jede Begründung auf Verlangen der schwangeren Frau durch einen Arzt vorgenommen werden kann. Den entscheidenden Grund für die Verwerfung der Fristenlösung sah das Bundesverfassungsgericht in der Annahme, dass auch das ungeborene Kind als menschliches Leben dem Schutz der Verfassung untersteht, also ihm die Menschenwürde (Art. 1) und das Recht auf Leben sowie körperliche Unversehrtheit (Art. 2 Abs. 2 Satz 1) zukommen.

Auch wenn das Gericht schwerwiegende außergewöhnliche Belastungen anerkannte, die die Grenze des »Zumutbare« für die Schwangere übersteigen und also nach seiner Auffassung dahin führen könnten, einen Schwangerschaftsabbruch unter bestimmten Bedingungen straffrei zu lassen, so hat es doch die Verpflichtung des Staates unterstrichen, das sich entfaltende Leben – auch gegenüber der Mutter – in

Schutz zu nehmen. An entscheidender Stelle heißt es dann: »Der Lebensschutz der Leibesfrucht genießt grundsätzlich für die gesamte Dauer der Schwangerschaft Vorrang vor dem Selbstbestimmungsrecht der Schwangeren und darf nicht für eine bestimmte Frist in Frage gestellt werden« (Leitsatz 3 des Urteils vom 25.2.1975).

Die geltende Regelung sieht Fälle von Schwangerschaftsabbruch vor, die straflos bleiben. Die wichtigste Gruppe unter ihnen ist das Vorliegen einer Indikation, das heißt eines bestimmten Tatbestandes, bei dem der Schwangerschaftsabbruch die einzige Möglichkeit sein muss, »um eine Gefahr für das Leben oder die Gefahr einer schwerwiegenden Beeinträchtigung des körperlichen oder seelischen Gesundheitszustandes der Schwangeren abzuwenden, und die Gefahr nicht auf eine andere für sie zumutbare Weise abgewendet werden kann« (§ 218a Abs. 1 Nr. 2). Die einzelnen Indikationen dürfen als bekannt vorausgesetzt werden.

In der Häufigkeit der Indikationen für einen Schwangerschaftsabbruch ist die Berufung auf eine »Notlage« immer mehr gestiegen. Sie umfasst heute wohl 90 Prozent aller Abtreibungen. Dabei zeigt sich, dass die im engeren Sinne sozialen Gründe, wie zum Beispiel Wohnungsnot, Arbeitslosigkeit, unabgeschlossene Berufsausbildung, große Familien mit niedrigem Einkommen und Verschuldung eher in der Minderzahl sind. Dagegen stehen die Notlagenindikationen, die auf den Bereich persönlicher Konflikte hinweisen, im Vordergrund: Doppelbelastung der Frau durch Beruf und Familie, psychische und nervliche Störungen, Nichtehelichkeit des zu erwartenden Kindes, Partnerprobleme innerhalb oder außerhalb einer Ehe. Die Praxis hat nach allgemeiner Überzeugung sich nicht an das Kriterium gehalten, dass eine Notlagenindikation eine dem Gewicht der medizinisch sozialen Indikation entsprechende soziale Konfliktsituation zur Voraussetzung haben muss, sondern verfährt offenbar sehr liberal. Die gesetzliche Regelung lädt in ihrer unbestimmten Weite und begrifflichen Unschärfe auch zu einer missbräuchlichen Praxis ein.

Die deutschen Bischöfe haben seit der Verabschiedung der geltenden Regelung zum Schwangerschaftsabbruch aus dem Jahr 1976 keinen Zweifel daran gelassen, dass sie sich mit diesem Gesetz nicht abfinden werden. Zahlreiche Initiativen auf vielen Ebenen – zum Beispiel des Zentralkomitees der deutschen Katholiken und auch der Verbände – haben sich in diesem Sinne für einen besseren Schutz des ungeborenen Kindes eingesetzt. Die Reform hat weitgehend ihr Ziel verfehlt. Das ungeborene Kind entbehrt des von der Verfassung her gebotenen Schutzes mehr denn je. Wenn statistisch jede vierte Schwangerschaft bei uns durch einen tötenden Eingriff nicht zum Ziel kommt, dann ist der Mutterschoß tatsächlich in sehr vielen Fällen für das Kind zu einem lebensgefährlichen Ort geworden. Viele Fachleute sind sich darin einig, dass die Praxis der Abtreibungen weitgehend einer »Fristenlösung« gleichkommt oder gar eine verdeckte Fristenlösung ist. Man kann bezweifeln, ob das geltende Recht den Mindestanforderungen eines wirksamen Lebensschutzes gerecht wird, wie ihn das Bundesverfassungsgericht forderte. Hinzu kommt die Belastung der Sozialversicherung durch die Übernahme der Kosten von Schwangerschaftsabbrüchen, besonders im Blick auf die Notlagenindikation. Schließlich bleibt noch die Nichtbeachtung der gesetzlichen Meldepflicht zu erwähnen, ohne dass offensichtlich dagegen eingeschritten wird.

Nicht wenige Politiker, die damals am Zustandekommen dieser Regelung beteiligt waren, räumen ein, dass sie mit der Entwicklung nicht zufrieden und im Ganzen enttäuscht sind. Aber es fehlt bei den damaligen Befürwortern weitgehend der Mut, konkrete Konsequenzen aus dieser Einsicht zu ziehen. In der Bevölkerung wächst zwar die Nachdenklichkeit über die Folgen so vieler Abtreibungen. Initiativen und Aktionsgruppen für das Leben des ungeborenen Kindes wachsen und gewinnen an Einfluss. Vor allem in der jungen Generation und bei Frauen wird eine kritischere Haltung gegenüber der Abtreibung bemerkbar. Nach Umfragen ist die Bevölkerung gerade gegenüber der großzügigen Auslegung der Notlagenindikation spürbar zurückhaltender geworden. Das Bewusstsein dafür, dass eine Abtreibung die Tötung eines Menschen bedeutet, hat sich verstärkt. Es lässt sich jedoch nicht übersehen, dass trotz einer kritischeren Haltung der Bevölkerung zur Abtreibung sowohl nach dem Stimmungsbild von Meinungsumfragen in der Bevölkerung als auch im Kräftespiel der politischen Parteien keine Mehrheit für eine Änderung des geltenden Rechts gegeben ist. Dabei ist die Situation in den einzelnen Bundesländern sehr verschieden. Die Errichtung einer so genannten Abtreibungsklinik von Pro Familia in Gießen ist ein Beleg für diese Situation. Die Bundesregierung will die Situation durch ein geplantes Beratungsgesetz verbessern. So kommt in der Tat alles darauf an, das Bewusstsein vieler Menschen stärker zu wecken und für den Schutz des ungeborenen Kindes sensibel zu machen. Da der Informationsstand der Bevölkerung – wie Umfragen zeigen – sehr gering ist, ist es angebracht, umfassende Aufklärungsaktionen für das Lebensrecht Ungeborener durchzuführen.

II. Gründe für den unbedingten Schutz des ungeborenen Kindes

Wenn wir Christen für den Schutz des ungeborenen Kindes eintreten, wollen wir zugleich nicht weniger gefährdetes oder bedrohtes Leben in anderen Bereichen retten. Wir hoffen, dass die Allianz derer, die für die konsequente Bewahrung des Lebens streiten, immer größer wird. Wir werden auch nicht aufhören, auf die unbegreiflichen Inkonsequenzen bei denen aufmerksam zu machen, die nur einzelnen gefährdeten Lebensbereichen ihre ausschließliche Sorge zuwenden. Der Schutz des Lebens ist eine unteilbare Verpflichtung, wie er eben auch ein unteilbares Rechtsgut für alle Menschen darstellt. Man kann nicht auf die Dauer laichende Kröten vor dem Tod auf der Straße retten, ohne unruhig zu werden über das Schicksal so vieler getöteter Kinder. Wir bleiben misstrauisch, wenn dieselben Leute, die – mit Recht – gegen Krieg und Waldsterben demonstrieren, sich zugleich programmatisch für eine uneingeschränkte Abtreibungspraxis und für Tötung auf Verlangen einsetzen. Wir empören uns in der Öffentlichkeit mit Recht über Nachrichten vom Handel mit Embryonen und ihren Teilen. Aber die Menschenwürde eines Embryos beginnt nicht erst, wenn er umgebracht ist. Je ungefährlicher ein Schwangerschaftsabbruch für die betroffene Frau wird und je »schonender« seine Auswirkung auf die Betroffene ist, desto feiner muss unser sittliches Wahrnehmungsvermögen werden. Wenn wir so abgestumpft bleiben, werden wir die »weichen« Abbruchmittel, wie sie zurzeit entwickelt werden (zum Beispiel RU 486), für immer mehr plausibel halten. Es ist nicht neu, aber doch immer wieder überraschend, dass das Böse so alltäglich und geradezu banal werden kann, dass wir es nicht mehr merken.

Leben ist ein unteilbares Gut, das man nicht nur diesem oder jenem zuerkennen darf. Die neue Sensibilität für das gefährdete Leben muss sich darin bewähren, dass sie uneingeschränkt und ohne Winkelzüge Leben fördert, das gefährdet ist. Angesichts der erschreckend hohen Abtreibungszahl ist der Schutz des ungeborenen Kindes die Nagelprobe für die Glaubwürdigkeit der vielen Behauptungen und Reden. Dieser Schutz des Lebensrechtes ist ein elementares Gebot der Humanität, auch wenn es in der Geschichte der Menschheit so oft mit Füßen getreten worden ist. Unser Glaube hat sich von Anfang an gerade auch an dieser Stelle gegen die Rohheit und den Egoismus unserer Natur gewehrt. Ob er dabei immer zu den besten Mitteln gegriffen hat und erfolgreich war, steht auf einem anderen Blatt. Entscheidend kommt es auf das eindeutige Zeugnis für das Lebensrecht des ungeborenen Kindes an. Es ist keine Nebensache am Rand ethischer Fragen, nicht bloß ein Nebenkrater im Gefüge des christlichen Glaubens, sondern der Schutz des Lebens des ungeborenen Kindes birgt grundlegende Wahrheiten über Gott, die Welt und den Menschen in sich und stellt sie zugleich zur Entscheidung:

- Leben ist eine elementare Gabe, die in letzter Instanz der Willkür des Menschen entzogen ist und auf die wir stets als Geschenk angewiesen bleiben. Darum können wir über menschliches Leben nicht einfachhin verfügen. Gott ist der Herr, Schützer und Bewahrer des Lebens. Darum ist der Mensch dem Menschen heilig. In nichts anderem gründet letztlich das Grundrecht unserer Verfassung, wenn es in Art. 2 (Abs. 2) heißt: »Jeder hat das Recht auf Leben und körperliche Unversehrtheit.«

- Die Einschätzung des ungeborenen Kindes hängt ab von der Achtung, welche man ihm schuldet. Es kommt schon darauf an, wie man von dem neuen Lebewesen überhaupt spricht, ob zum Beispiel verfremdend von einem »himbeerförmigen Gebilde« oder »Zellgebilde«. Die Kirche geht mit guten Gründen davon aus, dass jedes menschliche Leben vom ersten Augenblick seines Daseins an geachtet und geschützt werden muss. Die Wissenschaft kann zum Beweis oder Gegenbeweis dieser Aussage nicht direkt angerufen werden, aber sie begünstigt heute mehr denn je diese Überzeugung. Wenn das menschliche Wesen vom Augenblick seiner Empfängnis an als individuelles Subjekt oder – wie wir sagen – als Person geachtet werden muss, dann gebühren ihm auch die Rechte einer Person. Dabei geht es zuerst um das unverletzliche Recht auf Leben.

- Wenn das sich im Mutterschoß entfaltende, ungeborene Kind ein eigenes Recht auf Leben hat, darf es nicht nur als »Teil« der Frau angesehen werden. Sie kann dann auch kein Verfügungsrecht über das Leben eines ungeborenen Kindes beanspruchen. Darum darf man nicht nur von der Tendenz der Frau zu Selbstbestimmung und Selbstverwirklichung her denken, vielmehr finden diese eine Grenze am selbständigen Lebensrecht eines anderen. Daher darf man die Abtreibungsfrage nie nur von den Bedürfnissen der Frau allein her betrachten, sondern muss das menschliche Züge tragende Antlitz des Ungeborenen vor sich haben. Diese Perspektive ist gerade deshalb wichtig, weil das ungeborene Kind als Träger eines eigenen Lebensrechtes dieses selbst nicht verteidigen kann. Es ist in einmaliger Weise auf den bergenden Schutz durch die Mutter angewiesen. Da das ungeborene Kind schwach und ohnmächtig ist, bedarf es in dieser Wehrlosigkeit besonderer Achtung und Verteidigung. Der Angriff auf ein ganz und gar wehrloses menschliches Lebewesen erscheint besonders brutal. Dies ist wohl auch der Grund, warum nicht wenige die Tötung des ungeborenen Kindes als »Mord« bezeichnen. Im Angriff auf ein wehrlos-armes Wesen liegt ein Stück Niederträchtigkeit.

Warum schreien wir nicht entsetzt auf, wenn den Armen im Mutterschoß Unrecht geschieht, indem ihnen durch Gewalt das Lebensrecht entzogen wird? Warum haben wir eine verstärkte Sensibilität für die Unterdrückten und Benachteiligten, verschließen aber weitgehend die Augen vor dem, was täglich durch Gewalt Wehrlosen im Mutterleib angetan wird?

Wenn Leben so Chance und Geschenk ist, verlangt es von Anfang an unser Ja und unsere Mitverantwortung. In jedem Kind wird Hoffnung auf Zukunft lebendig sichtbar gemacht. Jedes angenommene Kind bezeugt Mut zur Zukunft und hilft jene Angst zu überwinden, die unterschwellig so oft unser Dasein beherrscht. Das letzte Ja zum Kind liegt jedoch allem menschlichen Planen und Machen, aber auch jedem Ablehnen und Töten voraus. Gott sagt Ja und hütet so die letzte Personwürde eines Menschen. Er kennt jeden Menschen von Uranfang an. Unsere Identität liegt tiefer als unsere bewusste Existenz und unser zeitliches Leben. Gott gibt jedem ungeborenen Kind sein Ja, seine Anerkennung und seine Würde. Die Heilige Schrift hat dies im Blick auf besonders große Männer und Frauen immer schon zum Ausdruck gebracht (vgl. zum Beispiel Jer 1,5). Aber es gibt in der Bibel auch einen wenig bekannten Text, der dieses Geschehen zur Sprache bringt. Es ist die einzige Stelle, wo vom ungeborenen Kind, ja geradezu vom Embryo die Rede ist. So heißt es im Psalm 139 (Vv.13–16):

Denn du hast mein Inneres geschaffen,
mich gewoben im Schoß meiner Mutter.
Ich danke dir, dass du mich so wunderbar gestaltet hast.
Ich weiß: Staunenswert sind deine Werke.
Als ich geformt wurde im Dunkeln,
kunstvoll gewirkt in den Tiefen der Erde,
waren meine Glieder dir nicht verborgen.
Deine Augen sahen, wie ich entstand,
in deinem Buch war schon alles verzeichnet;
meine Tage waren schon gebildet,
als noch keiner von ihnen da war.

Was da im Verborgenen entsteht, stammt nicht nur aus den Fähigkeiten des Menschen. Gott kennt es von allem Anfang an durch und durch. So muss man den entscheidenden Vers umschreibend übersetzen: Schon den Embryo, die Urgestalt des Beters, sahen Gottes Augen. Damit wird, konzentriert in einem Wort der Heiligen Schrift, nochmals offenbar, wie tief das Menschenleben gründet und warum es eine letzte Würde des Menschen gibt, die unantastbar ist.

III. Rat und Hilfen in Konfliktsituationen

Die Ablehnung und der Protest gegen die Abtreibung werden jedoch nur ganz wahr, wenn es uns gelingt, schwangeren Frauen in Schwierigkeiten guten Rat und begleitende Hilfe zukommen zu lassen. In vielen einzelnen Fällen hat die Kirche in ihrer Seelsorge über Jahrhunderte hin dies auch still und unauffällig bis zum heutigen Tag helfend getan. Dies schließt nicht die Feststellung aus, dass gleichzeitig ledige Mütter mit ihren Kindern gering geschätzt, benachteiligt und allein gelassen wurden. Bis zum heutigen Tag gibt es unter Christen gegenüber ledigen Müttern Verständnislosigkeit und Härte, die viele heimlich oder offen zur Tötung des noch ungeborenen Kindes getrieben haben. Literatur, Kunst und Volkskunde erzählen von solchen Tragödien. Viele Menschen innerhalb und außerhalb der Kirche haben durch unterlassene oder versagte Hilfe dadurch mit Schuld auf sich geladen.

Hier hat sich manches geändert. Es gibt viele Beispiele, wie Partner und Eltern, Freunde und Bekannte jungen Frauen hilfreich zur Seite stehen, ein zunächst unerwünschtes Kind anzunehmen. Aber es ist nicht zu übersehen, dass gerade unverheiratete und noch recht junge Frauen auf große Ablehnung stoßen. Nicht selten denkt man auch in so genannten guten Häusern, wo man grundsätzlich so etwas wie Schwangerschaftsabbruch verurteilt, in der Not und Verzweiflung an Abtreibung, wenn eine ledige Tochter schwanger wird und – wie man sagt – Schande über das Haus bringt. Dies zeigt, in welch hohem Maß auch in sozial besser gestellten Situationen Hilfe unerlässlich ist.

Schwangerschaftsabbrüche sind häufig das Ergebnis einer ungeklärten Lebenssituation. Gerade bei jungen Frauen häufen sich die Probleme: eine finanziell ungesicherte Situation, Partnerprobleme, Konflikte mit der meist noch unabgeschlossenen Ausbildung, negative Reaktionen der Umwelt, Angst vor den Aufgaben der Mutterschaft und überhaupt vor der Zukunft. Viele Frauen, die in Schwierigkeiten sind, werden oft durch die Partner zur Abtreibung gedrängt, ja unter Druck gesetzt. Diese Einwirkung des Vaters und überhaupt des sozialen Umfeldes wird weitgehend unterschätzt.

Im Wissen um diese Probleme sollte bei der Reform der gesetzlichen Regelung des Schwangerschaftsabbruchs vieles versucht werden, um durch die Einrichtung von Beratungs- und Gutachterstellen und durch finanzielle, soziale und familiäre Hilfe den schwangeren Frauen das Austragen des Kindes zu erleichtern. In der Tat wurde auch eine Pflicht zur Beratung vor einem möglichen Schwangerschaftsabbruch eingeführt. Doch wurde die Beratung oft nur als lästiges und bürokratisches Erfordernis für einen Abbruch angesehen, der im Grunde bereits unabänderlich feststand. Die Kirche hat in dieser Situation bundesweit mehr als 200 katholische Beratungsstellen für werdende Mütter in Not- und Konfliktsituationen errichtet, um eine wirkliche Beratung für das Leben durchzuführen und um soziale und finanzielle Hilfen zu vermitteln. Dabei sollen die Situation der Mutter geklärt, die positiven Möglichkeiten für ein Ja zum Kind gestärkt und möglicherweise auf das soziale Umfeld eingewirkt werden, um die Verantwortung für ein Kind besser übernehmen zu können.

Die Vermittlung von sozialen und finanziellen Hilfen konnte in letzter Zeit auf rechtliche Ansprüche, wie zum Beispiel Gewährung von Erziehungsgeld und Erziehungsurlaub, aber auch auf Fonds und Stiftungen des Bundes, der Länder und der Kirchen sowie auf Spenden zurückgreifen, um der werdenden Mutter die Annahme des Kindes zu erleichtern. Die Beratung ist ein komplizierter Prozess, denn einerseits ist sie – auch nach dem Urteil des Bundesverfassungsgerichts von 1975 – der Erhaltung des ungeborenen Kindes verpflichtet, anderseits kann keine Beratung der Frau selbst die Entscheidung abnehmen. Es ist oft sehr schwierig, einer Frau unter ungünstigen Voraussetzungen (Konfliktsituation, Zeitdruck, »Pflichtberatung«) den Rat zu vermitteln, das Leben ihres Kindes zu bejahen. Die Beraterinnen des *Sozialdienstes katholischer Frauen* und des *Caritasverbandes* sowie anderer kirchlicher Einrichtungen verdienen Anerkennung und Dank für ungezählte Gespräche und Hilfen, in denen sie um das Leben eines jeden einzelnen Kindes ringen. Flankierende Maßnahmen sind notwendig. Weitere familien- und sozialpolitische Hilfen, die dem Schutz des ungeborenen Kindes zugute kommen, sind geplant oder zum Teil auch schon eingeleitet: Anerkennung von Erziehungszeiten im Rentenrecht, Verbesserung des Familienlastenausgleichs durch steuerliche Entlastung der Familien mit Kindern, bessere Abstimmung zwischen Arbeitswelt und Familie, mehr Möglichkeiten von Teilzeitarbeit und beruflicher Wiedereingliederung, Einstellung der Kinderbetreuungseinrichtungen auf die Situation berufstätiger Mütter und Alleinerziehender, Verbesserung der Wohnverhältnisse und anderes mehr. Immer stehen noch zu wenig Hilfen bereit, um bedrängten Frauen so helfen zu können, dass sie sich über die Geburt eines Kindes freuen können und es auch austragen wollen. Erst wenn dies geschieht, wird man mit einer beträchtlichen Senkung der Abtreibungszahlen rechnen können. Man muss noch stärker die Ursachen bekämpfen und die oft eng gezogenen Grenzen des »Zumutbaren« erweitern.

Äußere Hilfen allein genügen bei aller Dringlichkeit jedoch nicht, um die Gesamtsituation zu ändern. Die Betroffenen finden zu wenig Halt und Verständnis in der breiten Öffentlichkeit, oft auch nicht bei den Angehörigen, zumal beim Vater des Kindes. Die öffentliche Meinung versteht den Schwangerschaftsabbruch viel zu sehr als akzeptable Lösung der aufgetretenen Schwierigkeiten. Die derzeitige Gesetzeslage ist nicht geeignet, hier Abhilfe zu schaffen. Dabei geht es nicht um eine rein strafrechtlich orientierte Verschärfung des Abtreibungsparagrafen oder gar um eine Rückkehr zu seiner früheren Gestalt. Aber zweifellos bietet die jetzige gesetzliche Regelung keinen ausreichenden Schutz für die ungeborenen Kinder und ist besonders im Blick auf die Notlagenindikation revisionsbedürftig. Staat und Gesellschaft dürfen die Entwicklung nicht weiter treiben lassen. Wenn das geplante Beratungsgesetz in Schwangerschaftskonfliktsituationen dazu hilft, die Aufgabe und Zielsetzung der Beratung besser und wirksamer zu umschreiben sowie die Hilfen verstärkt, verdient es Unterstützung. Die Diskussion über einen solchen Gesetzesentwurf ist zurzeit noch nicht abgeschlossen.

Es genügt jedoch nicht, allein den Staat um Hilfe anzurufen. Eine Verbesserung des Schutzes für das ungeborene Kind wird auf die Dauer nur dann mit Erfolg gelingen, wenn das Verantwortungsbewusstsein für diese Aufgabe in der Bevölkerung wächst. Dafür kann die Kirche in ihrer Verkündigung viel leisten. Predigt, Katechese, Religionsunterricht und Erwachsenenbildung müssen sich auf einer verlässlichen Basis des christlichen Menschenbildes noch sehr viel intensiver der Sorge für das ungeborene Kind zuwenden. Dies gilt auch für die Arbeit vieler Verbände. Aber auch die Pfarrgemeinden können zum Beispiel durch einen Tag des Lebens, durch Gottesdienste und Gebet, durch Veranstaltungen werbenden und aufklärenden Charakters, durch gezielte Initiativen in ihrem Bereich (Caritasausschuss des Pfarrgemeinderates, Kindergarten) wesentlich zur Verbesserung des Klimas beitragen. So bitte ich alle, die den Dienst der Verkündigung und der Glaubensunterweisung in Kirche und Schule übernommen haben, und alle, die nicht zuletzt in den Räten Mitverantwortung innerhalb und außerhalb der Gemeinden übernommen haben, um ihre entschiedene Mithilfe.

Schließlich wird es gerade in einer so intimen Sache auf die Familie und den Einzelnen ankommen. Die menschliche Begleitung, das ermutigende Gespräch und die solidarische Verbundenheit sind oft noch wichtiger als äußere Maßnahmen. Gerade hier muss das Klima für eine Annahme des Kindes bereitet werden. Wenn die Rat suchende Mutter nicht in ihrer unmittelbaren Nähe bestärkt wird und Hilfe erfährt, wird sie immer wieder auf den Schwangerschaftsabbruch als Möglichkeit eines Auswegs aus ihren Konflikten verfallen. – Schließlich bitte ich die Beraterinnen und Ärzte, mit allen Kräften sich für das ungeborene Kind einzusetzen, Beratung und Gespräche selbstverständlich ohne

»Druck«, aber auch nicht neutral und wertfrei durchzuführen. Die Stellungnahme der Gesprächspartner soll sich nicht von der Haltung der Frau selbst erheblich beeinflussen lassen. Die Mühe einer Beratung für das Leben kostet freilich viel Zeit und verdient hohe Anerkennung.

Viele Frauen haben nach einem Schwangerschaftsabbruch an seelischen Folgen zu leiden. Es wird viel zu wenig beachtet, dass die »Verarbeitung« eines solchen Geschehens neue, oft dauerhafte Schwierigkeiten schafft. Beraterinnen und Ärzte sollen redlicher über solche Folgen informieren. Es gehört zu den Werken der christlichen Barmherzigkeit, solchen Frauen helfend beiseite zu stehen.

Für den Schutz des ungeborenen Kindes ist keine Anstrengung zu groß. Gerade hier bewahrheitet sich ein altes jüdisches Wort, das aus dem biblischen Glauben stammt: »Wer ein Menschenleben rettet, rettet die ganze Welt.«

Der Text bezieht sich auf die Situation des Jahres 1989. Die Argumente halten heute noch stand, auch wenn sich die Lage nicht nur gesetzlich, sondern auch kirchlich durch den «Ausstieg« aus dem staatlich bestimmten Beratungswesen mit Ausstellung einer Bestätigung (»Schein«) verändert hat. Die vielen Stellungnahmen des Verfassers seit 1989 sollen später dokumentiert werden. Der vorstehende Text behält in diesem Ganzen seine Selbständigkeit.

14 | ZEUGNIS DER HOFFNUNG

»Gebt Zeugnis von eurer Hoffnung.« 150 Jahre Katholikentage in Mainz: Herausforderung und Auftrag

Hirtenbrief zur österlichen Busszeit 1998

Wenn wir vom 10. bis 14. Juni 1998 in Mainz den 93. Deutschen Katholikentag begehen, hat dies mindestens drei sehr wichtige Elemente, die zu denken geben: Vor 150 Jahren fand im Revolutionsjahr 1848 in Mainz der erste deutsche Katholikentag überhaupt statt. Vor 50 Jahren hat der erste Nachkriegs-Katholikentag im Jahr 1948 ebenfalls in Mainz getagt und für den sozialen, wirtschaftlichen und kirchlichen Aufbau viele Anstöße gegeben. In diesem Jahr stehen wir bald vor der Jahrtausendwende und fragen uns, wie wir als Kirche in unserem Land unsere spirituellen Kräfte bündeln und wo wir Schwerpunkte des kirchlichen Handelns setzen müssen.

Zur Beantwortung dieser Probleme gibt es viele Foren und Einrichtungen. Die Katholikentage gehören seit 150 Jahren auf jeden Fall dazu. Ja, sie haben für die Entwicklung des deutschen Katholizismus eine kaum überschätzbare Bedeutung. Sie sind in vieler Hinsicht, besonders auch im Blick auf die Verkündigung, den Gottesdienst und den Dienst für die Menschen, Knotenpunkte lebendiger Gegenwart von Kirche an den Schnittstellen zu unserer säkularen Umwelt. Das Bistum und die Stadt Mainz durften von den bisherigen 92 Treffen sechs Begegnungen durchführen. Dies geschah in den Jahren 1848, 1851, 1871, 1892, 1911, 1948.

Im Revolutionsjahr 1848, das ganz Europa bewegte, taten sich auch viele Katholiken in Vereinen zusammen, die zwar für keinen Umsturz und auch keinen Einsatz von Gewalt gegen die Obrigkeit, wohl aber für Einheit und Freiheit, besonders jedoch für eine demokratische Verfassung eintraten. Es ging vor allem um Wohlstand, Bildung und Freiheit für alle. Die Katholiken wollten in diesem Zusammenhang auch die ständige Kontrolle der Kirche durch den Staat abschütteln. Sie fühlten sich auch politisch nicht angemessen vertreten. Die kirchliche Erneuerung jener Jahre hatte so viel Selbstbewusstsein geschaffen, dass die Katholiken sich aktiver und offensiver mit der säkularen Welt und einem oft feindseligen Staat auseinander setzen wollten. In diesem Sinne unterstützten viele Katholiken, darunter der spätere Mainzer Bischof Wilhelm Emmanuel Freiherr von Ketteler, im Parlament der Frankfurter Paulskirche den Einsatz für die Grundrechte, besonders auch für wahre Religions-, Presse- und Versammlungsfreiheit. Wenn die Nationalversammlung in der Frankfurter Paulskirche auch die beiden großen Aufgaben, einen Staat zu gründen und ihm in Einheit und Frieden eine Verfassung zu geben, nicht erreichen konnte, so ist sie dennoch ein ganz entscheidender Schritt auf dem Weg zu einem demokratischen Gemeinwesen, wie wir es nun seit bald 50 Jahren in unserem Land haben. Der erste Katholikentag 1848 in Mainz muss in dieser Aufbruchstimmung, freilich auch mit den Sorgen und Ängsten für die unmittelbare Zukunft gesehen werden. Das Zentralkomitee der deutschen Katholiken hat dieses Erbe seit 150 Jahren aufgenommen, gepflegt und fortgeführt. Dafür gebührt ihm Dank. Viele Länder beneiden uns um diese Möglichkeiten.

Hundert Jahre später stand der erste Katholikentag nach dem Zweiten Weltkrieg wiederum an einer Wendemarke in der Geschichte unseres Volkes. »Der Christ in der Not der Zeit«, so lautete das Thema. Der Katholikentag von 1948 – nicht wenige erinnern sich noch daran – hat vielen zum inneren und äußeren Aufbau unseres Landes Mut gemacht, freilich auch schon auf die innere Not hingewiesen, wenn zum Beispiel in Anlehnung an französische Erfahrungen auch von Deutschland als »Missionsland« gesprochen wurde.

1848, 1948 und hoffentlich 1998 sind so etwas wie Meilensteine auf dem Weg der Kirche, nun auf der Schwelle in das dritte Jahrtausend. Denn auch wir stehen heute zweifellos an einem Kreuzungspunkt in der Geschichte Europas, unseres Landes und wohl auch der Kirche. Weltweiter Wettbewerb und in vielen Teilen der Welt eine große Arbeitslosigkeit sind elementare Herausforderungen gerade für unser Land, das bisher in geglückter Form wirtschaftliche Entwicklung und sozialen Ausgleich zu einem für alle Seiten nützlichen Konsens bringen konnte. Der notwendige Umbau des Sozialstaates darf freilich elementare Errungenschaften, gerade auch in den Sozialsystemen, nicht aushöhlen. Niemand darf aber deswegen das notwendige Umdenken in Richtung von mehr Eigenverantwortung auf allen Ebenen grundlegend behindern. Bei dem kleiner werdenden gemeinsamen Werte-Konsens und dem schwindenden Gemeinsinn – vielleicht sind dies die eigentlichen Übel – wird eine Antwort auf diese Herausforderung immer schwieriger. Die Kirche darf diesen Problemen jedoch nicht ausweichen, kann aber nur aus der letzten Tiefe des ihr anvertrauten Evangeliums eine wirklich segensreiche Hilfe bieten, nicht durch Anpassung und Nachplappern von üblichen Schlagworten. Der Katholikentag 1998 wird zweifellos daran gemessen werden, wie weit er hier geistesgegenwärtig, realitätsoffen und zielgenau sein wird.

II. Das zentrale Leitwort vom Zeugnis christlicher Hoffnung

Seit über 65 Jahre haben Katholikentage ein Leitwort, das auch helfen soll, die immer zahlreicher werdenden Einzelthemen spirituell und theologisch, pädagogisch und organisatorisch zu bündeln. Für den Mainzer Jubiläums-Katholikentag und seine Aufgaben erschien ein Leitwort hilfreich, das die leichte Abwandlung eines bekannten Wortes aus dem ersten Petrusbrief darstellt und im Kontext Ausführungen über das rechte Verhalten des Christen in der ihm am Ende doch fremden und ihn oft bedrängenden Welt enthält: »Seid stets bereit, jedem Rede und Antwort zu stehen, der nach der Hoffnung fragt, die euch erfüllt; aber antwortet bescheiden und ehrfürchtig, denn ihr habt ein reines Gewissen« (1 Petr 3,15b.16). Oft wird auch knapp übersetzt: Gebt Rechenschaft von eurer Hoffnung. Das etwas abgewandelte Leitwort heißt nun nach langem Ringen: »Gebt Zeugnis von eurer Hoffnung.« Das Wort Zeugnis ist neu in dieser freier formulierten Fassung.

Unsere Zeit braucht Hoffnung. Sie wird von vielen Sorgen, Unsicherheiten und düsteren Prognosen bestimmt. Die schon genannte Arbeitslosigkeit vieler steht als drohende Mahnung vor uns. Gewiss ist die schwindende Überzeugung von gemeinsamen geistigen und ethischen Maßstäben in unserer Gesellschaft noch schwerwiegender. Dies kann leicht wie bei großen Zeitenwenden zu Katastrophenstimmungen führen.

In einer solchen Situation können und wollen die Christen keine billige Hoffnung anpreisen. Der übliche, sicher oft gut gemeinte Optimismus trägt nicht. Es wird nicht einfach alles weitergehen wie bisher. Wir müssen auf vielen Ebenen des persönlichen und öffentlichen Lebens durch Talsohlen hindurch und Durststrecken bewältigen. Keiner wird unverändert aus den oft harten Zumutungen einer veränderten Welt herausgehen. Darum taugt nur eine Hoffnung, die auch Enttäuschungen verkraften, ja für unsere normalen Empfindungen Unzumutbares bewältigen kann.

Die christliche Hoffnung ist weit gespannt und umfasst alles zwischen Himmel und Erde. Sie ist aber auch durch das Kreuz Jesu Christi geprägt, an die Wirklichkeit des Lebens geheftet, darum nüchtern zurückbezogen auf die ungeschminkte Realität, und sie darf dieser nicht ausweichen. Die christliche Hoffnung ist jedoch nicht nur in den Dingen dieser Welt erfahren, sondern bietet in allen Situationen, gegen die sonst kein Kraut gewachsen ist, einen letzten Halt. Sie weiß, dass der Glaubende auch im Leiden und Sterben die Hoffnung nicht zu verlieren braucht, sondern in die Hände eines gerechten und barmherzigen Gottes fällt.

Darum kann uns nur Gott selbst eine solche tragfähige Hoffnung schenken. Im Glauben erkennen wir, dass diese Hoffnung durch das Lebensgeheimnis Jesu Christi unsere irdische Wirklichkeit schon ergriffen hat und verwandeln kann, aber wir sind immer noch unterwegs und wissen um das Vorläufige und Bruchstückhafte, Verletzliche und Unvollendete jeder Hoffnung in dieser Zeit. Dies ist für den Christen jedoch kein Anlass zur Resignation, sondern zum mutigen Bekenntnis und zu einer unentwegten Erneuerung von Kirche und Gesellschaft – gegen alle Widerstände und Rückschläge. Diese fängt aber zuerst bei uns selbst an, in der Umkehr unseres Herzens. Nur so kommt eine Reform zustande, die diesen Namen wirklich verdient.

III. Gott braucht Zeugen

Das Kommen dieser Hoffnung ist kein Ereignis, das wie Regen und Schnee vom Himmel fällt oder einfach gegen Rechnung bestellt werden kann. Solche Hoffnung gegen alle Hoffnungslosigkeiten ist immer ein unverdientes Geschenk Gottes, das uns grundlos zufällt. Wir sind uns heute freilich auch bewusster geworden, dass diese unzerstörbare Hoffnung jetzt schon, wenigstens anfanghaft, unsere Welt verwandeln will und uns dafür in Pflicht nimmt. Gerade deswegen braucht diese Hoffnung Menschen, die mit ihrer ganzen Existenz für sie eintreten. Die hohen Worte und Programme müssen wie große Geldscheine in kleine Münze gewechselt werden. Es braucht den Zeugen. Der Zeuge ist kein neugieriger, am Ende unbeteiligter Zuschauer am Rand der Welt. Er begibt sich mutig und entschieden in die Konkurrenz der geistigen, politischen und gesellschaftlichen Auseinandersetzungen. Auf jeden Einzelnen und auf alle zusammen kommt es an. Glaubwürdigkeit, nach der in unserer Welt überall verlangt wird, kommt nur durch persönlichen Einsatz und solche Zeugenschaft zustande.

Der wirkliche Zeuge eckt an und steckt an. Beides ist in unserer Welt notwendig. Wir müssen Ungerechtigkeit und Unwahrheit, manchmal auch durch Provokation, aufdecken und ans Licht bringen. Wer sich nur anpasst an das, was ist, kann dies niemals leisten. Wir brauchen viele Mitstreiter, um aus dem Glauben heraus eine neue Welt für die Menschheit im dritten Jahrtausend mit aufzubauen. Mitläufertum reicht nicht mehr. Jeder Zeuge wirkt durch sich selbst, sei es durch sein Leben, durch die Tat und durch das Wort. Gerade das gelebte Zeugnis der Hoffnung im Alltag wird wichtiger.

Der Zeuge ist bei allem Einsatz jedoch nicht fanatisch, vielmehr vertraut er der Kraft des Geistes: der Orientierung und der Weisung, dem Beispiel und dem Vorbild, dem Argument und dem ernsthaften Dialog. Nur so können wir heute und künftig Zeugen der Hoffnung sein: Boten der Frohbotschaft Gottes für unsere kleinen Lebenskreise und die große, weite Welt. Nur so sind wir ohne hohles Getue wahrhaft missionarisch und werben bei unseren Zeitgenossen, ob jung oder alt, kirchendistanziert oder nichtglaubend, für eine Hoffnung, deren Erfüllung alle im verborgenen Grund ihres Herzens suchen.

Diese Hoffnung freilich kann auf die Dauer nicht anonym sein, sondern ist eine Person mit einem Namen und einem menschlichen Antlitz: Jesus Christus. Er ist der treue Zeuge Gottes. Nur in seiner Nachfolge gibt es diese Hoffnung, von der die Rede war.

Hilfen für die Vorbereitung

... Zum Leitwort des Katholikentages gehört auch ein anschauliches Symbol, ein so genanntes Logo. Das Markenzeichen für den Katholikentag ist das weite blaue Meer mit einem springenden Delphin. Er muss freilich immer mit dem Leitwort zusammengesehen werden. Der Delphin selbst ist ja gerade heute ein vieldeutiges Zeichen, das mannigfach vermarktet wird. Aber nicht nur die vorchristliche, antike Welt hat im Delphin ein denkwürdiges Lebewesen, den König der Seetiere, gesehen, das durch Geschicklichkeit und Schnelligkeit, Hilfeleistungen und eine fast menschenartige Klugheit auffiel und so als Bild auf vielen Lampen, Fresken und steinernen Särgen vorkommt. Vielmehr hat die frühe Christenheit in der ungewöhnlichen Sprungkraft des Delphins, der beinahe mühelos Hindernisse überwindet, ein sprechendes Symbol für die Schwungkraft des Glaubens gesehen. So hat man in ihm auch ein Bild für Heil und Rettung erblickt. Dieses Symbol – immer in Verbindung mit dem Aufruf zum Zeugnis der Hoffnung – können wir heute brauchen. Unsere Gesellschaft stagniert, auch wenn es hektisch zugeht. Wir haben viele Ängste und wagen zu wenig. Wir sind verzagt und manchmal auch träge. Da kann uns der frische Delphin mit seinem gezielten Satz auf die Sprünge helfen.

Dies alles soll uns helfen, aus dem Schwung des Glaubens heraus viele Mauern von heute zu überspringen und mit unverbrauchter Kraft der Hoffnung und Zuversicht ein neues Jahrtausend zu eröffnen, das nicht nur wir Christen nach der Zeitenwende durch die Geburt Jesu Christi berechnen. In diesem Sinne wollte ich den Katholikentag 1998 mit den Ereignissen von 1848 und 1948 in Beziehung setzen.

IV. Einladung zur Teilnahme und Bitte um Mitwirkung

... Mancher hat Einwände und ein Unbehagen gegen Großveranstaltungen jeder Art. Ich kann dies bis zu einem gewissen Grad nachvollziehen. Aber wir leben in einer Welt, die auch in Fragen des Glaubens von der Präsenz oder auch Abwesenheit der Kirche in der säkularen Gesellschaft mitbestimmt wird. Es gibt heute nicht so viele Chancen für eine solche Geistesgegenwart von Kirche in einer großen Öffentlichkeit. Darum gehört zu Katholikentagen auch eine bestimmte geschichtliche Stunde, die uns in einem sehr konzentrierten Spiegel der aktuellen Situation wichtige Blitz- und Momentaufnahmen des Lebens und Wirkens der Kirche in der Gesellschaft liefert. Diese Gemeinschaftserfahrung des wandernden Volkes Gottes wollen wir auch mehr und mehr mit den Schwestern und Brüdern aus den anderen christlichen Kirchen teilen. Auch sie sind herzlich zur Teilnahme eingeladen wie alle Menschen guten Willens. Helfen Sie mit, dass wir gegen allen Pessimismus und auch eigene Trägheit diese einzigartige Chance für die Kirche von heute nützen. Mainz, für viele Jahrhunderte »Centrum des Reiches«, ist auch in dieser Hinsicht eine Reise wert.

Vom Wunder des Lebens. Brief an die Gemeinden über eine Grundfrage der gegenwärtigen bioethischen Diskussion

HIRTENBRIEF ZUR ÖSTERLICHEN BUSSZEIT 2002

I. Zur gegenwärtigen bioethischen Diskussion

Seit einiger Zeit wird nicht nur in unserem Land, sondern in weiten Teilen Europas und der Welt über den Anfang des menschlichen Lebens und den Umgang mit ihm heftig diskutiert. Der Deutsche Bundestag hat nach intensiver öffentlicher Meinungsbildung am 30. Januar 2002 in der Frage des Imports und der Forschung im Blick auf so genannte embryonale Stammzellen eine erste Abstimmung durchgeführt, die möglichst bald durch einen entsprechenden Gesetzesbeschluss rechtlich verbindlich gemacht werden soll. Weitere Grundprobleme stehen demnächst zur Verhandlung und Entscheidung an. So die Präimplantationsdiagnostik, mit der ein im Reagenzglas erzeugter Embryo auf seine erbliche Belastung hin überprüft und eventuell ausgesondert wird. Andere heiße Eisen sind mögliche voraussagende Gentests an Arbeitnehmern oder auch im Blick auf die Aufnahme in eine Kranken- oder Lebensversicherung. Schließlich geht es auch um das Klonen, wodurch menschliche Embryonen hergestellt werden, unter Umständen auch die vollständige Herstellung der genetischen Kopie eines schon bestehenden Menschen.

Seit fast dreißig Jahren ist intensiv und in mehreren Phasen über die Würde und den Schutz des menschlichen Lebens am Beginn seiner Existenz diskutiert und politisch entschieden worden. Mehrfach hat das Bundesverfassungsgericht in die Gesetzgebungsverfahren eingreifen müssen. Unsere derzeitigen rechtlichen Bestimmungen zum Schwangerschaftsabbruch sind das Resultat. Jetzt geht es jedoch nicht um die Abtreibung des ungeborenen Kindes, sondern um die Forschungsmöglichkeiten am vorgeburtlichen menschlichen Leben in der Frühzeit. Nicht wenige vertreten eine Öffnung zugunsten einer solchen Forschung, auch wenn dabei Embryonen »verbraucht«, das heißt getötet werden, nachdem nun einmal durch die Abtreibungsgesetzgebung eine gewiss bedingte, aber eben doch rechtlich gültige Freigabe des menschlichen Lebens im Mutterschoß erfolgt sei. Man brauche die menschlichen Embryonen der ersten Tage doch nicht mehr zu schützen als das schon weiter entwickelte Leben.

Die damit verbundenen Sachfragen sind über viele Monate intensiv nach allen Seiten besprochen worden. Die Meinungen der Menschen und so auch der Politiker in unserem Land sind ähnlich geteilt wie bei der Abtreibungsdiskussion. Unsere Gesellschaft ist in dieser Frage tief gespalten. Auch wenn die erzielten Kompromisse ethisch inakzeptabel und auch praktisch fragwürdig sind, darf man die weithin faire Diskussion dankbar zur Kenntnis nehmen. Die evangelischen und die katholischen Kirchenleitungen haben in einem hohen Maß klare Maßstäbe gesetzt. In unserer Kirche sind wir dankbar, dass wir diese Stellungnahmen auch in einer sehr hohen Übereinstimmung mit den theologischen Fachleuten ausarbeiten und veröffentlichen konnten. Wir sind enttäuscht, dass wir trotz dieser großen ökumenischen und theologischen Übereinstimmung bei den Abgeordneten eine zwar beträchtliche, aber eben für die Entscheidung nicht ausreichende Zustimmung erhielten. Wir werden dennoch in unseren Bemühungen nicht nachlassen, wie wir dies immer auch für die Abtreibungsfrage erklärt haben …

Eine Grundfrage, die eher verborgen ist, jedoch unterschwellig alle Antworten bestimmt, ist die anthropologische und ethische Einschätzung des Embryos (»Status«) und der Umgang mit dem menschlichen Leben.

Es ist schon eine uralte, aber auch bleibende Einsicht, dass wir menschliches Leben nicht einfach herstellen können. Wenn Eltern ein Kind zeugen, sind sie bei aller Aktivität letztlich doch dienende Werkzeuge. Über das Entstehen von Leben können wir höchstens im Blick auf den Zeitpunkt, aber nicht grundlegend verfügen. Wir sind immer schon – auch bei allen künstlichen Eingriffen – darauf angewiesen, dass Leben von selbst wird. Darum hat man auch schon früh Leben dadurch bestimmt, dass es sich selbst bewegt und ein Ziel in sich selber hat. So sprechen wir dem Leben auch ein ursprüngliches Selbstsein zu.

Dies gilt grundsätzlich für alles, was lebt. Darum haben wir auch Respekt, Verantwortung und schließlich Ehrfurcht vor dem Leben. Dies gilt nicht zuletzt zum Beispiel für die Erhaltung der Vielfalt der Pflanzenarten, aber auch für den Tierschutz. Beim Menschen gelangt diese Rücksicht zu einem Höhepunkt. Dabei sind viele Religionen überzeugt, dass dieses Leben, das der Mensch nicht schlechthin herstellt, das Geschenk eines schöpferisch tätigen Gottes ist, der auch der Herr des Lebens ist. Nicht nur die biblischen Religionen gehen davon aus, dass der Schöpfergott dem Menschen unmittelbar einen Lebensatem, also ein Lebensprinzip verleiht, das dem individuellen Lebewesen eine »Seele« und Unsterblichkeit mitteilt. Darum ruft Gott jeden Menschen – ganz unabhängig von seiner sozialen Situation oder von Beeinträchtigungen wie zum Beispiel Krankheit und Behinderung – bei seinem Namen und nimmt ihn durch diese personale Zuwendung auch unter einen besonderen Schutz. Die Menschenwürde ist dabei jedem menschlichen Lebewesen schon vor allem sichtbaren Eintritt in die menschliche Gesellschaft unauslöschlich zu Eigen. Wir können diese Menschenwürde achten und verteidigen, mit Füßen treten und verletzen, aber wir können sie niemals aufheben und wegnehmen. Die Wurzel liegt in der biblischen Aussage vom Menschen als Bild Gottes.

In der näheren Deutung des zeitlichen Beginns des menschlichen Lebens gab es im christlichen Bereich verschiedene Auffassungen, die zum Teil auch vom jeweils gültigen biologischen Weltbild abhängig waren. So war man lange der Auffassung, die menschliche Seele würde erst zu einem späteren Zeitpunkt, also zum Beispiel am vierzigsten Tag, dem Embryo eingestiftet. Dabei hielt man aber daran fest, dass das menschliche Leben von allem Anfang an geschützt werden muss und darum auch keine Abtreibung erlaubt ist. Freilich gab es immer auch Theologen, die gelehrt haben, dass die Beseelung unmittelbar bei der Befruchtung, also der Vereinigung von Ei- und Samenzelle des Menschen, geschieht. Wer eine spätere Beseelung annimmt, vertritt oft die Ansicht, in der frühesten Zeit der Entwicklung des Embryos sei darum ein Spielraum zur Forschung am Embryo gegeben, die auch ethisch seine Tötung einschließen könne. Es ist erstaunlich, wie sehr diese Theorien über den Lebensbeginn auch heute noch vielfach nachwirken oder sogar wieder aufleben.

In den letzten Jahrzehnten hatte sich mehr und mehr die Überzeugung durchgesetzt, dass menschliches Leben mit der Befruchtung beginnt und bereits vom ersten Augenblick an eine Schutzwürdigkeit beansprucht. Es gibt zwar erkennbare Phasen und Einschnitte in der frühen Entwicklung des Embryo, aber keine rechtfertigt die Annahme, zu einem späteren Zeitpunkt beginne erst im vollen Sinne das Menschsein. Dies gilt auch für das wichtige Ereignis, dass der Embryo sich in die Gebärmutter der Frau einnistet (Nidation). Dies ist zwar eine wichtige Voraussetzung, dass der Embryo sich weiter durch Wachstum entfalten kann, aber er hat bereits eine vielfache Eigenständigkeit und damit auch ein eigenes Lebensrecht. Es gibt kein durchschlagendes Argument für eine bloß abgestufte Schutzwürdigkeit.

Ich bin mir bewusst, dass manche dies anders sehen und bestreiten. Die Annahme, dass das Menschsein und die ihm entsprechende Würde bereits von Anfang an dem Embryo zu Eigen sind, hat mehr für sich als relativ willkürliche Annahmen eines vollen Menschwerdens erst innerhalb der Entwicklung. Selbst im Zweifel sollte man um der Schutzwürdigkeit des menschlichen Lebens willen einstweilen von der Voraussetzung ausgehen, dass es sich um ein menschliches Wesen handelt, das von Anfang an volle Achtung verdient und darum auch als ein personales menschliches Wesen ein Recht auf Leben hat.

Die Lebenswissenschaften, wie man sie heute gerne nennt, haben uns in den letzten Jahrzehnten faszinierende Einblicke geschenkt in die Entwicklung eines menschlichen Embryos. Durch die Möglichkeiten einer hoch entwickelten Technik können wir auf eine filmische Reise durch den menschlichen Körper mitgehen. Nicht zufällig heißen der Film-Titel zum Beispiel des schwedischen Fotografen Lennart Nilsson »Faszination Liebe« oder ähnlich ein Buch von Rainer Jonas »Der wunderbare Weg ins Leben«. Dies gilt nicht nur für die gesamte Entwicklung von der Empfängnis bis zur Geburt, sondern besonders auch in den ersten Stunden und Tagen des menschlichen Embryos. Wir können erkennen, was für eine riskante Reise die mit dem bloßen Auge nicht erkennbare Eizelle von der Befruchtung bis zur Einnistung überstehen muss. Es gibt unendlich viele Gefährdungen, aber gerade dadurch ist es auch ein Wunderwerk, wie das ungeborene Leben in den geglückten Fällen sich durchsetzt. Wie kann aus einer einzigen Eizelle ein solch differenziertes Lebewesen wie ein Mensch entstehen? Von Anfang an suchen plötzlich bestimmte Zellen zueinander den Kontakt, um sich zu verbinden, aber auch um ihre jeweils eigene Aufgabe zu übernehmen.

Die Lebenswissenschaften lassen uns teilnehmen an den geradezu dramatischen Veränderungen des Embryos, an der Anlage aller lebenswichtigen Systeme und der früh einsetzenden Ausbildung der Organe. In einer immer wieder erstaunlichen Weise sind von Anfang die späteren Entwicklungen eines Menschen genetisch angelegt. Es darf hier aber nicht auf einen bloßen Automatismus der Entwicklung geschlossen werden. Bei aller Eigenentwicklung, die auch durch die schon frühe Selbststeuerung des Embryos in der Entwicklung ihren Ausdruck findet, ist die Aufnahme in den Mutterschoß ein entscheidendes Ereignis, das für die Zukunft erst weiteres Leben ermöglicht. Diese Abhängigkeit von der Mutter darf aber nicht verdecken, dass der Embryo bereits ein individuelles menschliches Lebewesen ist, das ein eigenes Recht auf seine Existenz hat und darum auch Achtung vor ihm verlangt. Wir wissen, wie einzigartig diese Zwei-Einheit von Mutter und Kind ist. Es wäre darum auch falsch, wenn der Mensch nun selbst im Blick auf diese Entwicklung Zufall spielen möchte und sich in Verkennung der Rechte des Embryos verführen ließe, nicht zuletzt angesichts seiner Kleinheit und Abhängigkeit über ihn zu verfügen. Dabei geht es nicht um ein Verbot von Forschung überhaupt. Im Gegenteil, sie offenbart ja erst in ungeahnter Weise das Wunder des Lebens. Aber es ist uns nicht erlaubt, verbrauchend und damit vernichtend über anderes menschliches Leben zu verfügen, auch und gerade wenn es so winzig ist.

IV. Staunen vor dem Wunder des Lebens – folgenlos?

Verstehen wir genügend diese ungewöhnliche Bildersprache der frühesten menschlichen Entwicklung? Was klein und unscheinbar ist – am Anfang nur Bruchteil eines Millimeters –, kann offenbar rasch dazu verleiten, den Embryo nur aus der Perspektive der menschlichen Absichten und Ziele zu verstehen. Er erscheint dann nur als »Zellhaufen«. Dies ist eine gefährliche Sprache. Kein Wunder, dass gelegentlich Forscher erklären, wenn man sie auf die Rechte und Würde eines Embryos anspricht, sie wüssten überhaupt nicht, wovon man rede. Wahre Forschung entdeckt ja gerade die abenteuerliche Entstehung eines Menschen. Oder gibt es langsam, auch durch Gewohnheit und Routine, Einstellungen, die dies zurückdrängen und gar vergessen lassen? Oder wie kommt man sonst zur Rede vom bloßen »Zellhaufen«?

Die Faszination vor dem Wunder des Lebens ist nicht nur eine emotionale Angelegenheit oder eine erste Überraschung für den, der noch nichts oder nicht viel weiß. Man lässt das Staunen nicht einfach hinter sich, wenn man Erkenntnisfortschritte macht. Es muss den Forscher bei aller Eigengesetzlichkeit seines Vorgehens wenigstens indirekt begleiten und so gegenwärtig bleiben. Die Einsicht in das Wunderwerk der Natur stärkt die Rechte des Embryos, dem wir mit guten Gründen Personalität zuerkennen.

Dies hat zur Konsequenz, dass uns alle Wege der Erkenntnis und der Forschung offen stehen, aber sie dürfen nicht zur bewussten Tötung eines Embryos führen. Die Würde des personalen Wesens des Menschen besteht gerade darin, dass er niemals in seiner ganzen Existenz für andere Ziele verzweckt und instrumentalisiert werden darf. Daran kann auch ein freilich oft noch wenig begründetes Heilungsversprechen gewiss sehr belastender Krankheiten für die Zukunft nichts ändern. Die Forschungsfreiheit muss von sich aus erkennen, dass ihr hier Grenzen gesetzt sind, die nicht willkürlich von außen gezogen werden. Im Übrigen müssen alternative Forschungswege, die nicht zu solchen Konflikten führen, viel grundlegender vom Staat und der Industrie gefördert werden. Dies gilt zum Beispiel für die durchaus Erfolg versprechende Forschung an Stammzellen erwachsener Menschen.

Diese Position ist keine katholische oder christliche Sonderlehre. Man kann sie gewiss auch nicht einfach von den immer interpretationsbedürftigen Ergebnissen empirischer Wissenschaften ableiten. Es gibt jedoch für die vorgetragene Position gerade durch neuere Einsichten viele gute stützende Argumente. Auch wer einer anderen Meinung zuneigt, sollte fair die Gründe für diesen Vertrauensvorschuss zugunsten des Lebensrechtes wenigstens als plausibel anerkennen. Das Embryonenschutzgesetz aus dem Jahr 1990, das damals einstimmig vom Bundestag verabschiedet worden ist, ist ein guter Beleg dafür, dass diese Überzeugungen durchaus verbindliche Werte repräsentieren, die für alle gültig sind. Deshalb dürfen wir es nicht aushöhlen. Auch nicht durch letzen Endes enttäuschende und unhaltbare Kompromisse.

Die Auseinandersetzungen um bioethische Grundprobleme stellen uns angesichts der Erkenntnisse, die wir heute haben können, vor die Frage, ob wir diese Botschaften des Lebens an die Menschheit und jeden Einzelnen gehört und verstanden haben. Der Lebensschutz ist im Vergleich zu den früheren Abtreibungsdebatten nochmals erweitert und vertieft worden. Für den Christen sind dies keine Randfragen oder Probleme bloß für Spezialisten. Immer deutlicher wird uns, wie sehr die Achtung und die Verteidigung des ganzen menschlichen Lebens von der Empfängnis bis zum Tod in die Mitte des christlichen Glaubens gehören. Nicht zufällig heißt eines der wichtigsten Weltrundschreiben von Papst Johannes Paul II. aus dem Jahr 1995 »Evangelium des Lebens«.

Ich bitte Sie alle, verehrte und liebe Schwestern und Brüder, sich für diese elementaren Fragen nach dem frühesten menschlichen Leben zu interessieren und sich für seine Würde und Rechte da einzusetzen, wo wir jeweils im persönlichen und beruflichen Feld konkrete Möglichkeiten dazu haben. Vielleicht gelingt es uns allen, mithilfe dieser Botschaft vom Leben in noch größerer Verantwortungsbereitschaft mit unserer Sexualität umzugehen. Das »Netzwerk Leben« unseres Bistums versucht besonders bei Schwierigkeiten in ungewollter Schwangerschaft zu beraten und zu helfen. Für diesen Einsatz danke ich allen von Herzen, nicht zuletzt im Namen der ungeborenen Kinder, die zwar noch keine vernehmbare öffentliche Stimme haben, denen wir aber solidarisch unsere Stimme leihen können.

Einen herzlichen Dank möchte ich auch den Räten unseres Bistums und besonders der Diözesanversammlung sagen, die sich in den vergangenen Monaten intensiv mit den Fragen der Bioethik auseinandergesetzt haben. Der aus diesem Diskurs entstandene Impulstext »Was uns umtreibt – Impulse und Fragen zur Ethik des menschlichen Lebens« wird nun gemeinsam mit meinem Hirtenbrief der Öffentlichkeit vorgestellt. Er ist eine gute Hilfe für das gemeinsame Gespräch in den Gemeinden.

Der Text »Was uns umtreibt – Impulse und Fragen zur Ethik des menschlichen Lebens« ist auf Anfrage zu beziehen über die Geschäftsstelle der Diözesanen Räte, Postfach 1560, 55005 Mainz (Telefon: 0 61 31 / 253 202).

16 | EHE UND FAMILIE

Die Gemeinschaft von Mann und Frau in Liebe und Treue als Quelle des Lebens.
Brief an die Gemeinden über die Zusammengehörigkeit von Ehe und Familie
HIRTENBRIEF ZUR ÖSTERLICHEN BUSSZEIT 2003

Die Sorge um die Familie scheint seit einiger Zeit regelrecht Hochkonjunktur zu haben. Im letzten Bundestagswahlkampf haben sich die Parteien mit neuen Vorschlägen zur Familienpolitik zu überbieten versucht. Es ist erfreulich, wie viele Initiativen in dieser Richtung in den verschiedenen Feldern der Politik zu finden sind, wenn es zum Beispiel um den Kindergarten und die Schule, die Gesundheit und die Ausbildung von Kindern und Jugendlichen geht. Vorhaben, wie zum Beispiel die Einführung der Ganztagsschule, sollen vor allem den Frauen helfen, Beruf und Familie besser miteinander vereinbaren zu können.

I. Heute »in Familie leben« – was heißt dies?

Gerade die Kirchen werden diesen Aufbruch begrüßen. Dabei geht es gewiss auch um die Bevölkerungsentwicklung in unserem Land, in der wir im Blick auf die Kinderzahl pro Familie immer noch – gewiss mit anderen Ländern – in Europa am Ende des Wachstums stehen. Aber im Vordergrund steht die Sorge um das Wohlergehen und um gute Lebensschancen für Kinder. Der Familienbegriff hat sich ganz in Richtung dieser Bemühungen orientiert. Deswegen findet man in vielen Erklärungen und Programmen bei der Bestimmung von Familie Sätze wie zum Beispiel: Familie ist, wo Kinder sind.

Aus der verstärkten Sorge um Kinder und Jugendliche, die gerade in unserer offenen Gesellschaft immer wieder Zuwendung und Geborgenheit brauchen und suchen, ist dies zunächst eine ansprechende und sympathische Bestimmung von Familie. Freilich wird dadurch der Begriff der Familie viel offener, aber auch unbestimmter. Dies ist ein Prozess, der schon lange im Gang ist. Man spricht von einer gestiegenen Vielheit und Vielfalt von Familienformen. Denn Kinder gibt es heute in sehr vielen menschlichen Verbindungen. Deshalb wollen manche das Wort Familie in der Einzahl gar nicht mehr verwenden, sondern nur noch von Familien in der Mehrzahl sprechen. Nun gab es immer schon recht verschiedene Familienformen: Pflege- und Stieffamilien, die Adoptionsfamilie, die Kernfamilie (Eltern und Kinder) mit und ohne Eheschließung, die Mutter- und auch die Vaterfamilie. Auch früher gab es eine größere Vielfalt in den konkreten Familienformen.

Aber zweifellos ist heute der Umfang der Veränderungen im gesamten Bereich erheblich größer und wirkt dadurch auch stark auf das Verständnis von Familie ein. Wir wissen alle, wie viele Alleinstehende (Singles), Alleinerziehende, kinderlose Ehen sowie Lebens- und Haushaltsformen ohne Kinder existieren, wobei die Gründe dafür sehr verschieden sind. So gibt es auch Wohngemeinschaften, nichteheliche Lebensgemeinschaften und in manchen Fällen auch recht komplizierte Verhältnisse durch die Einführung neuer medizinischer Techniken bei der Zeugung und der Schwangerschaft (künstliche Befruchtung, zum Teil auch mit einer fremden Samenspende; Leihmütter und so fort).

Die allermeisten Menschen, auch Jüngere, haben jedoch immer noch eine große Wertschätzung für die Familie. Die Kernfamilie mit Eheschließung ist für die meisten immer noch die bevorzugte Lebensform. Aber es gibt eben nicht nur durch Trennung und Scheidung, sondern auch durch die gesellschaftlichen Verhältnisse daneben viele andere Formen. Hier spielt vieles für die Wandlungen eine große Rolle: die Verlängerung des Lebensalters, die Verkürzung der Zeit der Pflege und Versorgung der Kinder im Vergleich zur gesamten Lebenszeit, Beschränkung der Kinderzahl. »In Familie leben« ist darum für viele eine sehr viel kürzere Lebensphase geworden.

Es ist nicht leicht, für jede einzelne Lebenssituation dieser Familien die einzelnen Gründe zu benennen. Die Individualisierung ist ja ohnehin ein mächtiger Zug in der Entwicklung des menschlichen Zusammenlebens. Aber es gibt neben den schon erwähnten Umständen auch allgemeine Gründe, die zu einer solchen Offenheit der Familienformen und einer Lockerung der bisherigen Bindungen geführt haben. Sie sind gewiss alle eingebunden in einen umfassenden gesellschaftlichen Veränderungsprozess, den wir oft mit dem Schlagwort »Modernisierung« kennzeichnen. Dazu gehören die Verstädterung und die größere Beweglichkeit der Menschen im Blick auf so etwas wie Heimat und Beruf, die Zunahme der Kommunikation, die Vielfalt der Lebenswelten, das veränderte Rollenverständnis von Frau und Mann, nicht zuletzt auch die Entkoppelung von Sexualität und Ehe durch die Entdeckung und den Gebrauch der »Pille«.

Gewiss führt dies auch zu einer oft veränderten Konzeption von Ehe. Überhaupt fällt auf, dass man auf weite Strecken – gerade auch bei vielen Soziologen und Juristen – von Familie spricht, ohne dass irgendwie von Ehe die Rede ist. Oder wenn der Begriff der Ehe verwendet wird, dann hat er vielfach einen veränderten Sinn bekommen. Man spricht dann zum Beispiel von Wochenend-Ehen, oder aber man verzichtet überhaupt auf das Wort Ehe und redet zum Beispiel von Lebensabschnittspartnern. Ja, das Wort Ehe wird auch für die Gemeinschaft gleichgeschlechtlich orientierter Menschen verwendet, wie die Worte »Homo-Ehe« oder »Schwulen-Ehe« zeigen.

Die einen feiern einen solchen Prozess als eine Steigerung der fast unbegrenzt erscheinenden Freiheit der Menschen, ihre Lebensgestaltung nach eigenem Gutdünken zu planen und zu realisieren. Sie fühlen sich von allerlei Zwängen der Tradition und Moral, gesellschaftlicher Konvention und Sitte befreit. Nichts erscheint mehr vorgegeben, sondern es gilt nur das, wozu der Mensch sich individuell entscheidet und was er für sich persönlich als wünschenswert ansieht. Andere weisen auf die Krise und den Zerfall von Ehe und Familie hin, auf die Labilität und Brüchigkeit vieler Beziehungen, auf die hohen Scheidungszahlen, den vielfachen grundsätzlichen Verzicht auf Kinder und die zahllosen Verletzungen, die durch mannigfache Trennungen entstehen, ganz abgesehen von den wirtschaftlichen Folgen und Belastungen des Zerbrechens vieler Beziehungen.

So ist es auch kein Widerspruch, dass viele, auch wenn sie nicht in einer »normalen« Ehe und Familie leben, eine solche Lebensform doch bevorzugen und sehr viel – manchmal zu viel – von Ehe und Familie erwarten. Fragen des Familienglücks, der persönlichen Liebesbeziehung und der sexuellen Erfüllung haben, wie wir von vielen Befragungen wissen, einen hohen Vorrang, übrigens auch bei jungen Menschen. Aber man geht ganz selbstverständlich auch von der Überzeugung aus, dass beim Nichtgelingen der oft übersteigerten Erwartungen die Bereitschaft gestiegen ist, eine Ehe rasch zu beenden. So haben sich die Erwartungen auch an eine Ehe in einer paradoxen Weise sehr erhöht.

III. Notwendigkeit von Orientierung und Leitbild

Dies muss für die Analyse unserer Situation genügen. Unsere Lebenswelt ist eben vielfältig und widersprüchlich, ja oft auch verwirrend geworden. Dies ist die Stunde und die Aufgabe der Kirche und damit des christlichen Glaubens. Es geht dabei nicht darum, von vornherein schon immer alles besser zu wissen und geschichtliche Wandlungen einfach zu vernachlässigen. Die Kirche ist bald 2000 Jahre durch Höhen und Tiefen, auch ihrer eigenen Entwicklung, immer mit den Menschen gegangen. Sie kennt den Menschen. Sie weiß, was an Gutem und Förderlichem, aber auch an Verführerischem und Schädlichem in ihm steckt. Sie will nur sein Wohl und sein Heil. Aber dies ergibt sich nicht einfach aus dem Augenblick, aus momentanen Bedürfnissen und kurzfristigen Stimmungen. Auf diesem Weg hat sie von der Botschaft Gottes aus der Bibel und aus ihrer gläubigen menschlichen Erfahrung heraus für die Menschen Ratschläge und Empfehlungen, die man nicht so schnell in den Wind schlagen sollte. Die Kirche vertritt hier eine große

Weisheit, auch wenn nicht jeder sie sofort versteht und wenn sie manchmal auch ein wenig vom Staub der Jahrhunderte überlagert erscheint.

Deshalb möchte ich mitten in den aufgezeigten Wandlungen nur einen Gedanken hervorheben und zu vertiefen suchen, nämlich die innere Zusammengehörigkeit von Ehe und Familie. Ich gehe dabei von der Tatsache aus, dass die Gemeinschaft von Mann und Frau in ihrer Tiefe zugleich Liebe und Treue sucht und dies auch heute noch die Herzen der Menschen bewegt, selbst wenn sie auf ihrem konkreten Lebensweg enttäuscht wurden und anders denken. Sie suchen dennoch das verlässliche Glück, das nicht enttäuscht. Dafür brauchen sie aber auch Wegweisung. Gerade in der Verworrenheit mancher Lebensformen braucht es Orientierungsgrößen, mit denen man den negativen Auswirkungen der Veränderung der Lebensverhältnisse begegnen kann und auch in ihnen eine gelungene Gemeinschaft erreichen kann. Dies kann man auf die Dauer nur, wenn man ein Miteinander sucht, das in der Lage ist, gemeinsam das Leben auszulegen und zu verstehen, eine tragende Ordnung aufweist und ausreichende Anknüpfungspunkte für Erfahrungen bietet, die man miteinander teilen kann.

Die Kirche bietet hier ein Leitbild für das Zusammenleben von Mann und Frau als eine Gemeinschaft in Liebe und Treue an. Ich spreche bewusst von einem Leitbild. Dieses gibt eine Orientierung an, zu der es zugleich einlädt. Leitbilder haben das Ziel, Sinn und Handlungsorientierung zu geben. Sie sind nicht schon ein fertiges Modell, das man den konkreten Gemeinschaften bloß überzustülpen braucht. Man muss ein solches Leitbild annehmen und es selbst aus der eigenen Lebenserfahrung und den eigenen Erwartungen heraus konkret bestimmen und wohl auch durch gemeinsame Vereinbarungen verbindlich machen. Solche Leitbilder müssen also von den Gemeinschaften selbst angenommen und von innen her mit Leben erfüllt werden.

Dieses Leitbild besteht in der grundlegenden Überzeugung, dass man Ehe und Familie nicht voneinander abkoppeln darf. Dabei verstehen wir beide Grundworte in folgender Weise: Ehe ist die nach dem Kennenlernen und gediegener menschlicher Erprobung verbindlich geschlossene Gemeinschaft von Mann und Frau in Liebe und Treue zueinander. Durch das unverbrüchliche Jawort von Mann und Frau ist diese Gemeinschaft auf Dauer angelegt und gibt ihr mit dem Segen Gottes eine eigene Beständigkeit und Verlässlichkeit. Viele Menschen erleben dies auch heute noch so. Wenn die Zahl der Trennungen und Scheidungen zunimmt, spricht dies noch nicht gegen diese Lebensform. Sie ist anspruchsvoll und gewiss nicht einfach ein Mechanismus, der nach der Eheschließung wie von selbst funktioniert. Dies hat man wohl zu lange geglaubt.

Die Ehe zwischen Mann und Frau ist auf die Findung von Lebenssinn und Glück angelegt. Dies bedeutet immer auch einen langen Prozess, in dem man sich gegenseitig in aller Verschiedenheit anzunehmen lernt und vieles Gemeinsame entdeckt. Dazu gehört auch die gegenseitige Unterstützung in den jeweils eigenen Aufgaben des Mannes und der Frau, nicht zuletzt im Beruf. Aber die Ehe erfüllt sich nicht einfach in dieser Zweisamkeit. Je mehr sie wirklich ihr eigenes Gelingen erfährt, umso mehr öffnet sie sich auch über sich hinaus. Sie kennt auch eine falsche Selbstgenügsamkeit, in der man sich am Ende nur mit sich selbst herumtreibt. Freilich ist es manchen Ehepaaren versagt, unmittelbare Erfüllung über sich hinaus in einem neuen Menschenwesen zu finden. Aber sie können oft auf ihre Weise anderen Menschen in der Nähe und in der Ferne beistehen und so zu einer eigenen Erfüllung ihres Lebenssinnes gelangen. Aber die Ehe strebt von Hause aus über sich hinaus und möchte die Schönheit und Fruchtbarkeit der Liebe von Mann und Frau zueinander weitergeben. Der Raum der Ehe weitet sich hin zur Familie. Diese ist nicht einfach nur irgendein Ort, wo eben Kinder sind, sondern weil die Familie durch die Ehe gegründet und gefestigt wird, kann sie aus ihr heraus zu einem Ort der Verlässlichkeit und der Geborgenheit werden, in dem Kinder sehnlich erwartet, mit Liebe aufgenommen und verlässlich in das Leben hinein begleitet werden. Dies schließt nicht aus, dass die Zeit für Kinder und ihre Zahl von den Eltern mitbestimmt werden. Aber sie sind nie nur unsere Wunschkinder. Sie sind immer auch ein Geschenk Gottes. Sie bereichern das Miteinander von Mann und Frau, aber auch die menschliche Gemeinschaft, ja die Menschheitsfamilie.

Gegen dieses Leitbild werden manche viel einwenden. Sie sind enttäuscht, vielleicht aufgrund der eigenen Lebensgeschichte. Junge Menschen erfahren heute bereits in ihrer Umgebung so viel Scheitern von Ehe und Familie, dass sie oft wenig Mut zu einem Wagnis dieser Gemeinschaft von Mann und Frau in Liebe und Treue haben. Diese Zusammenbrüche vieler Hoffnungen kann niemand leugnen. Jeder kennt sie heute, oft auch im Bereich der eigenen Familie. Aber wir wissen auch, dass dieses faktische Scheitern nicht einfach das Leitbild grundsätzlich in Frage stellt. Freilich schwächt es seine Anziehungs- und Überzeugungskraft. Aber wir haben auch genügend Erfahrungen von den eigenen Eltern, Geschwistern oder Freunden her mit dieser Lebensform von Ehe und Familie – gewiss nicht immer –, sodass wir ihren Reiz, ihre bezwingende Kraft und ihren Reichtum kennen. Es ist nicht einfach eine Utopie, die man nur verspricht, aber die nirgends lebt. Wir wissen alle, dass dieses Leitbild von unendlich vielen Menschen in viel schwierigeren Zeiten und unter großen Opfern überzeugend ins Leben umgesetzt worden ist und wird. Die meisten von uns verdanken diesem Mut zum Leben die eigene Existenz. Diese Gemeinschaft in Liebe und Treue gibt vielen Männern und Frauen auch ein bergendes Zuhause, das sie stärkt für ihren täglichen Dienst in ihrem Beruf und für andere Menschen.

Meine lieben Schwestern und Brüder, ich wollte hier und heute nur diesen Aspekt der engen Zusammengehörigkeit von Ehe und Familie aufzeigen. Gerade deshalb stehen nach dem Grundgesetz, das die Spielregeln unseres menschlichen Zusammenlebens verbindlich zur Sprache bringt, »Ehe und Familie … unter dem besonderen Schutze der staatlichen Ordnung« (Art. 6 Abs. 1). Leider ist diese Spielregel in letzter Zeit immer wieder in ihrer wirklichen Tragweite ausgehöhlt worden, nicht zuletzt auch durch ein Urteil des Bundesverfassungsgerichtes selbst vom 17. Juli 2002 zum Lebenspartnerschaftsgesetz.

Umso mehr möchte ich all den Frauen und Männern Dank sagen, die das Leben in Ehe und Familie hilfreich unterstützen, darunter besonders den engagierten Laien in der Politik, im Zentralkomitee der deutschen Katholiken und im Familienbund der Katholiken, aber auch jeder Ehe und Familie, die in diesem Sinne exemplarisches und ansteckendes Zeugnis gibt.

Die jungen Menschen möchte ich ermutigen, den uralten und doch ewig jungen Sinn christlich gelebter Ehe und Familie für sich neu zu entdecken. Man kann auch in einer tiefen Wandelbarkeit von Ehe und Familie und hinter manchen Überlagerungen, ja vielleicht Entstellungen, die ursprüngliche Weisheit, die in ihnen steckt, wiederentdecken und zum Leuchten bringen. Sie brauchen dabei nicht einfach nur auf Kopien ihrer Eltern und Großeltern zurückgreifen, sondern sie müssen selbst das Glück finden.

KIRCHE GESTALTEN

17 | GLAUBENSWEITERGABE IN DER FAMILIE

»Erzählt euren Kindern davon ...« Von der Mitteilung des Glaubens im Lebensraum Familie

HIRTENBRIEF ZUR ÖSTERLICHEN BUSSZEIT 1990

Die Frage nach der Weitergabe des Glaubens an die kommenden Generationen ist in den letzten Jahren zum Hauptthema geworden, und zwar auf allen Ebenen des kirchlichen Lebens: von Verlautbarungen des Papstes über Bischofskonferenzen und gemeinsame Beratungen von Geistlichen und Laien bis zu den Räten in den Diözesen und Gemeinden. Auch uns im Bistum Mainz beschäftigten in den Räten dieselben Probleme, wenn wir zum Beispiel vor allem nach der Stellung des Kindergartens in der Gemeinde, dem schulischen Religionsunterricht, der Gemeindekatechese und der Schülerseelsorge fragten. Nichts anderes bewegt uns, wenn wir uns zurzeit intensiv mit der kirchlichen Jugendarbeit beschäftigen.

Ein Ort, wo der Glaube lebt oder auch immer schwächer wird, wurde dabei oft genannt, aber bisher noch nicht eigens behandelt. Ich meine die Familie als den Lebensraum des Glaubens. Dazu möchte ich einige Erfahrungen und Überlegungen zur gemeinsamen Besinnung versuchen und Sie einladen, in den Familien, Gemeinden und Verbänden sowie in allen Lebenskreisen darüber miteinander zu sprechen.

I. Heutige Wandlungen in Ehe und Familie

Die Familie ist die ursprüngliche Schule des Glaubens. Sie ist im Grunde durch keine andere Einrichtung ersetzbar. Nur wenn der Glaube in der Familie lebt, sind Hinführung zu konkreter Religiosität, persönliche Aneignung und auch Auseinandersetzung mit ihm gewährleistet. Man darf jedoch die Familie zugleich nicht überfordern. Auch wenn sie heute – was oft übersehen wird – für die allermeisten Menschen erstrebenswert bleibt, so ist sie von innen und von außen her schwächer geworden. Familie bedeutet zunehmend für viele Geborgenheit und Liebe, Verständnis und gegenseitige Hilfe; sie wird weniger von ihrer Aufgabe zum Beispiel zur materiellen Absicherung oder zur Weitergabe des Lebens an Kinder verstanden. Die Begrenzung auf die so genannte Kleinfamilie, also Eltern und Kinder, nimmt ihr die Stützen naher Verwandtschaft und der Großeltern; dadurch wird alles in Ehe und Familie noch sehr viel abhängiger vom Gelingen der persönlichen Beziehungen. Dies ist zum einen – wenn das Zusammenleben glückt – ein unbestreitbarer Gewinn, zum andern stellt der Rückzug ins Private jedoch auch eine Gefährdung dar. Der Lebensraum von Ehe und Familie ist nicht zuletzt dadurch offener und so auch verletzbarer geworden. Viele Eltern klagen, dass sie nur noch einen geringen Einfluss auf ihre Kinder hätten. Viele bekannte und auch heimliche Miterzieher sind mächtiger geworden, darunter vor allem die Medien und die Werbung. Die inneren Beziehungen in der Familie sind oft nicht mehr bindend, dafür sind die Steuerungsmöglichkeiten von außen größer.

Diese Entwicklung erschwert Ehe und Familie und führt zu vielen Begleiterscheinungen, die den Zweifel gegenüber Ehe und Familie als Lebensform erhöhen: Mehr Menschen als bisher bleiben zeitlebens ledig; das Heiratsalter verschiebt sich weiter nach oben; bereits jetzt endet ein Drittel der Ehen durch Scheidung; mehr Männer und Frauen als bisher werden durch Wiederheirat oder durch Eingehen einer so genannten »Ehe ohne Trauschein« im Laufe ihres Lebens nacheinander mit mehreren Partnern zusammenleben. Liebe und Partnerschaft lassen sich außerdem aus vielen Gründen leichter als früher von Elternschaft und Fruchtbarkeit im Kind trennen, sodass viele Ehen ohne Kinder noch einsamer werden und sich auch folgenloser auflösen lassen. Es wird verständlich, warum heute sehr viel mehr unvollständige Familien existieren mit einer großen Last für einen Elternteil.

Das Ergebnis leuchtet ein: Die Familie ist nach zeitlicher Dauer und Intensität für die heranwachsende Generation auch heute noch der wichtigste, kaum ersetzliche Lebensraum; aber sie ist nach innen und nach außen anfälliger geworden; sie darf darum in sich allein nicht romantisch verklärt und überhöht werden, sondern muss gerade durch ihre vielfältigen Wechselbeziehungen und Abhängigkeiten auch in ihrer Störanfälligkeit wahrgenommen und verstanden werden; darum braucht die Familie auch heute in besonderer Weise Außenstützen und sie ergänzende, mittragende Einrichtungen in Gesellschaft und Kirche. Es nützt darum nichts, über die Schwächen der heutigen Familienwirklichkeit zu klagen, man muss vielmehr die Gründe für ihre Labilität ausfindig machen und dort durch Unterstützung helfen.

II. Zur gegenwärtigen Krise der Weitergabe der Lebenswerte in der Familie

Es ist kein Wunder, dass diese Situation der Familie auch die Weitergabe des Glaubens betrifft. Die Grunddaten sind längst bekannt: Diese Weitergabe des Glaubens an die kommenden Generationen ist gerade in der Bundesrepublik Deutschland beinahe dramatisch abgebrochen; darunter leidet die Praxis des christlichen Glaubens in den Familien besonders hart, wie zum Beispiel ein drastischer Rückgang von Morgen-, Abend- und besonders Tischgebet, aber auch des Besuchs des Sonntagsgottesdienstes und überhaupt des religiösen Gesprächs in den Familien unwiderleglich bezeugt. Der hier oft herangezogene Ausweg mit dem Slogan »Glaube ja, Kirche nein« trügt, denn sorgfältige Untersuchungen erweisen, dass eine Religiosität außerhalb der konkreten Glaubensgemeinschaft zwar spontane, fromme Empfindungen, aber im Ernst kaum ein wirkliches, auch im Alltag auf Dauer verbindliches Leben aus dem Glauben zulässt. Diese Situation betrifft dabei nicht nur die Weitergabe des Glaubens, sondern auch aller Lebensüberzeugungen, Einstellungen und Haltungen. Es geht dabei um eine Weitergabe aller Lebenswerte an die kommende Generation. Internationale

Untersuchungen haben gezeigt, dass die Familie in der Bundesrepublik Deutschland sich in einer besonders tiefen Krise befindet: Die Kluft der Lebensanschauungen zwischen den Generationen ist nämlich sehr tief; einzelne Werte werden leicht gefördert, wie zum Beispiel Streben nach Unabhängigkeit, materieller Sicherung und Lebensgenuss; andere Werte, die mehr die Gemeinschaftsfähigkeit betreffen, haben es ungleich schwerer: Verpflichtung für andere, Bindung und verlässliche Identifizierung, zum Beispiel mit der Familie. Unsere alltägliche Erfahrung ist also vor diesem Hintergrund gut zu begreifen: Jeder läuft in seine Richtung und tut, was er will. Es kostet viel Kraft und ist jedes Mal ein Geschenk, wenn eine Familie guten Zusammenhalt findet. Nicht selten haben Eltern darum den Eindruck, ihre Familie sei fast nur noch so etwas wie ein »Verschiebebahnhof« zwischen den unterschiedlichen Interessen der Mitglieder. Oft kommt jeder nur zum Schlafen, Essen und Fernsehen nach Hause. Das moderne Leben macht es uns recht schwer, über diese elementaren Lebensbedürfnisse hinaus zu tragfähigen Gemeinsamkeiten zu kommen. Wo aber die Familienkultur so versandet, leidet nicht nur der Glaube, sondern die Familie als eine Gemeinschaft grundlegender Überzeugungen und Lebensanschauungen. Dabei zeigt sich auch eine gewisse Wechselwirkung: Wo der Glaube in der Familie nicht mehr lebt, schrumpfen gewöhnlich auch jene Lebensanschauungen, die Einsatzbereitschaft, Dienst und Hingabe für die Gemeinschaft zum Ausdruck bringen. Wenn die Weitergabe des Glaubens in vielen Familien nicht mehr gelingt, verändern sich auch tief greifend die Familien und die Gesellschaft. Es geht daher nicht »nur« um so etwas wie religiöse Verarmung. Alltagskultur und Glaube hängen offenbar viel tiefer zusammen, als wir ahnen.

III. Notwendigkeit einer »Lebenskultur« aus dem Glauben in der Familie

Es ist eigentümlich: Je anfälliger und gefährdeter das Leben der Familie heute erscheint, umso dringlicher wird sie. Es kommt jetzt alles darauf an, dass die vielen spannungsvollen und oft widersprüchlichen Einwirkungen, Einflüsterungen und Versuchungen im jungen Menschen »verarbeitet« werden können. Sonst bleibt ein kunterbuntes Nebeneinander der Unterhaltungs- und Lebensangebote, das oft nur spontan, wechselweise und passiv angenommen wird. Je mehr Einflüsse auf junge Menschen einströmen, sie anlocken und geradezu zu zerreißen drohen, um so mehr brauchen sie so etwas wie einen »sozialen Heimathafen«, der ihnen eine Stätte des Rückzugs und der Schonung, der ruhigen Auseinandersetzung und der aufrichtigen Besinnung gewährt. Zwar ist die Familie heute keine »heile Welt« mehr, die wie eine herrliche Oase mitten in der Wüste des Lebens liegt, aber sie kann ein einigermaßen behüteter Schon- und Schutzraum, ein Ort für Lebensorientierung und Sammlung sein. Freilich, der Preis ist hoch: Auch und gerade wenn sich eine Familie nicht einfach abschließt, muss sie viele Kräfte aufbringen, um so etwas wie eine Verankerung des unruhigen Lebens zu bieten und damit eine Gegenkraft und Gegenstruktur zum gewöhnlichen Sog unserer Gesellschaft zu bilden. Dies fängt schon in der frühesten Kindheit an: Kinder müssen liebende Zuwendung und uneigennützige Hilfe, Anerkennung und Geborgenheit finden. Sie müssen später oft vom Leistungsdruck befreit und wieder zum unbefangenen Spiel gebracht werden. Die Vorleistung der Eltern ist dabei groß, denn sie sind nicht nur für das werdende, sondern auch für das geborene Kind Quelle des Lebens und der Liebe.

In der Familie kommen viele heute oft voneinander getrennte Dimensionen des Lebens zusammen: Freude am Leben und Wohlbefinden, Gesundheit und Zufriedenheit, Nahrung und Kleidung, Schutz und Nähe, Sorglosigkeit und Arbeit, Konkurrenz und Liebe. Jede Familie ist eine kleine Lebenswelt für sich. Sie hat eine bestimmte »Atmosphäre« und bildet ein gewisses »Milieu«. Wir sprechen auch von der »Lebenskultur« einer Familie. Man kann sie von keinem Punkt aus allein begreifen: weder von der Erziehung noch von der Religion, weder von der Schule noch von der Freizeit. Aber alles spielt zusammen, oft auf eine geheimnisvolle Weise. Darum kommt es auch nicht nur auf das Reden, schon gar nicht bloß auf das Eintrichtern an. Oft ist der »Ton« im Ganzen wichtiger als die planmäßige Erziehung. Weil die Familie ein so vielschichtiges Geflecht ist, kann sie auch offen und flexibel auf vieles, was in sie einströmt, reagieren. So bilden sich Lebensüberzeugungen und Werterfahrungen mehr indirekt aus dem Schoß des Familienlebens heraus und nach dem Stil des alltäglichen Umgangs.

Diese fast unauffällige Art, wie das Familienleben zustande kommt, ist auch wichtig für den Glauben. Wir wissen heute, wie die Zuwendung des Vaters und erst recht der Mutter schon vor und besonders nach der Geburt ein ganzes Leben lang bedeutsam bleibt für das Gottesbild und das Weltverhältnis. Bilder und Symbole, Gesten und Gebärden sagen oft mehr als Worte. Man denke nur an eine Umarmung, die Erfahrung bergenden Schutzes bei drohenden Gefahren und die Bedeutung von Wärme und Licht. Feste und Feiern offenbaren Höhen des Lebens und befreien von der Eintönigkeit des Alltags. Das Leben wird nur erträglich, wenn wir auch seine Hintergründigkeit und Vielschichtigkeit entdecken. Zu ihm gehört aber auch die Fragwürdigkeit unserer Existenz: Versagen und Scheitern, Schuld und Sünde, Krankheit und Tod dürfen nicht verschwiegen oder gar verdrängt werden. Überhaupt muss die Familie ein Ort sein, wo man sich mit den täglichen Ereignissen, den kleinen des Hauses und den großen weltumspannenden Nachrichten, auseinander setzt. Im direkten und indirekten Licht des Glaubens sollten solche Ereignisse des täglichen Lebens verarbeitet werden. Dadurch lernen wir auch, mit menschlichem Elend und Leid umzugehen, mit Bedürftigen zu teilen und Mitleid zu empfinden. Davon werden gewiss Gastfreundschaft und Lebensstil einer Familie geprägt.

Täuschen wir uns nicht: Wo das alltägliche Leben banal geworden ist, keine Höhen und Tiefen mehr hat, gibt es kaum Anknüpfungspunkte für den Glauben. Ähnlich gibt es im Grunde auch keine sinnvolle religiöse oder weltanschauliche »Neutralität«, wie viele Eltern heute meinen. Es ist ein Irrtum zu meinen, das erwachsene Kind oder der Jugendliche könnten sich nach einer Zeit völliger religiöser Enthaltsamkeit, gleichsam chemisch rein und keimfrei, vom Nullpunkt aus ursprünglich entscheiden. Es gibt diesen luftleeren Raum nicht. Eltern, die vom neutralen Wachsenlassen träumen, verkennen nicht nur die Macht vieler offener und heimlicher Einwirkungen, sondern versperren den Kindern den Weg in die Welt des Glaubens, die sie so ursprünglich und unbefangen nur als Kinder betreten können. Nicht umsonst stellt Jesus uns diese Offenheit des Kindes als Beispiel des Glaubens vor Augen (vgl. Mk 10,13–16). Ein sinnleerer Raum, ein Vakuum schafft keine Freiheit, sondern verstellt – vielleicht für immer – die Möglichkeit, wirklich wählen zu können.

IV. Hilfen bei der religiösen Erziehung in der Familie

So wird auch erkennbar, warum es auf diesem Fundament bewusst im Licht des Glaubens gelebter Familienkultur eigene religiöse Vollzüge geben muss. Dabei ist jedoch diese alltägliche Lebenskultur nie aus den Augen zu verlieren, von der zum Beispiel Papst Johannes Paul II. im Blick auf das Familiengebet sagen kann: »Der besondere Inhalt dieses Gebetes ist das Familienleben selbst, das in all seinen verschiedenen Situationen als Anruf Gottes verstanden und als kindliche Antwort auf diesen Anruf vollzogen wird: Freude und Leid, Hoffnung und Enttäuschung, Geburten, Geburtstage und Hochzeitstage, Abschiede, Getrenntsein und Wiedersehen, wichtige und einschneidende Entscheidungen, Todesfälle im Kreis der Lieben und Ähnliches mehr – all das sind Marksteine der Begegnung der Liebe Gottes in der Geschichte der Familie« (Apostolisches Schreiben »Familiaris consortio«, Art. 59). Glauben ist kein Kunstprodukt, keine aufgepfropfte Frucht. Eine wirkliche Weitergabe des Glaubens ist darum auch nur möglich, wenn die Eltern ihr Leben immer wieder miteinander vor Gott zu deuten versuchen. Erst muss man Glauben teilen, an ihm Anteil geben und mitteilen können, wenn man ihn »weitergeben« will und soll. Kinder, denen solche Lebenserfahrungen fehlen, gelangen nur in Ausnahmefällen zum Glauben. Großeltern haben hier heute gewiss oft eine große Aufgabe.

a) Räume und Zeiten

Wenn der Glaube wirklich in einer Familie lebt, muss dies auch sichtbar werden. Ein Haus oder eine Wohnung hat dann Bilder, Zeichen und ein Kreuz. Die Grundeinstellung wird auch konkret erkennbar am Verhältnis zur Zeit. Unsere Zeit fließt ja nicht einfach gleichgültig und leer dahin, sondern ist ein geordnetes Gefüge mit Morgen und Abend, Werktag und Sonntag. An diesen Knotenpunkten des Lebens unterbricht der Mensch sein alltägliches Treiben, hat Zeit für andere und für Gott und gewinnt so erst ein sinnerfülltes Leben. Es ist also nicht zweitrangig, ob man das Morgen- und Abendgebet verrichtet, einander einen »Guten Morgen« und eine »Gute Nacht« wünscht, gemeinsam den Sonntag begeht und den Gottesdienst besucht, das Kirchenjahr – wenigstens in den großen Höhepunkten – mitfeiert und teilnimmt am reichen Brauchtum kirchlichen Lebens. Wir sind es so gewohnt, die verfügbare Zeit nach Belieben und ganz individuell zu nutzen, dass wir die Bedeutung fester Zeiten für uns selbst und jede Gemeinschaft, besonders für die Familie, ebenso unterschätzen wie die Notwendigkeit treuer Wiederholung.

b) Vorbilder

All dies würde jedoch noch wenig fruchtbar sein, wenn der Glaube der Eltern nicht sichtbar wird im Vorbild. Man erkennt heute wieder viel deutlicher die Rolle des Vorbildes für jedes Lernen und alle Erziehung. Gerade der Glaube, der sich im Leben bewährt, steckt am Ende nur an, wenn er uns in wahrhaften Zeugen begegnet, die mit ihrer ganzen Person für die Sache eintreten. Ohne diese Einheit von Wort und Tun im lebendigen Vorbild kann der Glaube nur in Ausnahmefällen glücken. Dabei genügen die großen Vorbilder der Glaubensgeschichte allein noch nicht, also Heilige und vergleichbare Gestalten. Der Funke muss am gelebten Vorbild, gleichsam hautnah und in Tuchfühlung, überspringen können. Nur so ist auch eine hohe alltägliche Gesprächsbereitschaft zu erzeugen, die sich auf Fragen und Herausforderungen wirklich einlässt und überzeugende Argumente anführen kann, ohne Einengung und falsche Strenge.

Religiös orientierte Vorbilder bringen es sogar fertig, eine bereits unterbrochene Weitergabe des Glaubens wieder zu erneuern. Darum sind zuerst lebendige und überzeugende Vorbilder des Glaubens gefragt, wenn der Faden der Glaubensvermittlung an die künftigen Generationen dünner geworden ist oder gar abgebrochen erscheint. Dies ist eine hohe, aber unersetzliche Forderung an alle, die sich in der Kirche um Kinder und Jugendliche, Eltern und Familien kümmern. Vor allem muss die Kirche sich noch viel intensiver den jungen Erwachsenen und besonders den jungen Eltern zuwenden.

c) Hausgebet und Kultur des Erzählens

Das Familien- und Hausgebet ist gewiss durch die veränderten Lebensrhythmen und durch die Gegenwart der Medien in eine Krise geraten. Bewusst christlich lebende Familien sind um das Gebet bei ihren gemeinsamen Mahlzeiten bemüht. In der Tat ist das Tischgebet, vor allem am Sonntag, der Ernstfall des Glaubens und des Dankens in der Familie. Wer Zeit für den anderen hat, wird auch das Erzählen von Geschichten nicht vergessen. Der Glaube wird vornehmlich durch das Erzählen weitergegeben: erinnerndes Erzählen aus der Bibel, aus der eigenen Lebensgeschichte und aus der reichen Überlieferung der Kirche. Wir reichen nicht zuletzt deshalb unsere Lebens- und Glaubenserfahrungen nicht mehr weiter, weil wir die einfache Kunst des Erzählens verlernt haben. Die Bibel weiß, dass solches Erzählen zum ABC des Glaubens gehört: »Erzählt euren Kindern davon, und eure Kinder sollen es ihren Kindern erzählen und deren Kinder dem folgenden Geschlecht« (Joel 1,3).

d) Außenstützen

Man wird leicht sagen, dies sei ein sehr ideales Bild, das sich gerade angesichts der eingangs dargestellten Schwierigkeiten gar nicht oder kaum realisieren lässt. Aber man darf nun in der Tat die Familie, so unersetzlich und einzigartig ihre Chance ist, nicht allein sehen und sie schon gar nicht allein lassen. Wenn eine Familie in der Weitergabe des Glaubens auf sich allein gestellt ist, wird sie in der Tat rasch überfordert. Sie muss unterstützt und begleitet werden durch die Mitwelt, zum Beispiel aus dem Bekannten- und Freundeskreis, aber auch durch ergänzende Einrichtungen: Kindergarten, Jugend- und Ministranten-Gruppen, Schule und Religionslehrer, vor allem aber durch die Pfarrgemeinde selbst. Ein freundschaftlicher Verbund mehrerer Familien und Familienkreise schaffen einen größeren Zusammenhalt und geben wechselseitige Hilfen. Die Familie selbst braucht schöpferische Anregungen und Impulse für eine wirklich christliche Lebenskultur. Die Gemeinde muss noch viel mehr zum Anwalt der Familie werden, gerade auch der unvollständigen und krisengeschüttelten Familien.

e) Kirche im Kleinen

Diese günstigen Bedingungen treten gewiss nicht immer alle auf. Jede Gemeinde muss jedoch ihre pastorale Situation daraufhin überprüfen und die Konstellation verbessern. Bei näherem Zusehen und bei gutem Willen ist dies überall möglich. Die Gemeinde selbst wird schließlich durch lebendige Familien aufgebaut. Sie geben der Gemeinde nicht selten mehr zurück, als sie von ihr empfangen, ähnlich wie Kinder nicht nur Sorge verlangen, sondern ihre Eltern auch reicher machen. Die Familie kann dadurch zu einem Gleichnis für die ganze Glaubensgemeinschaft werden. Das Bild der Familie wird durchsichtig und durchlässig auf Gott und die ganze Welt hin. Hinter Vater und Mutter wird die liebende Fürsorge und bergende Nähe Gottes sichtbar, der väterliche und mütterliche Züge verrät. Brüder und Schwestern sind nicht nur die leiblichen Geschwister. Nicht zufällig sprechen wir von der Menschheitsfamilie, besonders aber von der Familie Gottes. Auf diese Weise wird auch sichtbar, warum die Familie seit alters eine »Kirche im Kleinen«, eine »Hauskirche« genannt wird (vgl. Zweites Vatikanum, »Lumen gentium«, Art. 11 und 35 sowie »Apostolicam actuositatem«, Art. 11). So wird das häusliche Mahl zu einem Grundsymbol der Gemeinschaft und des Friedens, des Teilens und der Freude miteinander.

18 | LEBEN MIT DER KIRCHE

Was ist mit der Kirche los?

HIRTENBRIEF ZUR ÖSTERLICHEN BUSSZEIT 1992

Es gibt in der Kirche dieser Tage viel Traurigkeit und Resignation. Nicht wenige sind tief enttäuscht, ziehen sich zurück oder ziehen gar aus. Mancher Abschied war schon lange in einer wachsenden Entfremdung vorbereitet. Andere packt spontane Wut. So fragen sich viele innerhalb und außerhalb: Was ist mit der Kirche los?

Es ist fast vermessen, diese Frage auf wenigen Seiten zu beantworten. Ich bitte Sie daher um Verständnis, wenn nicht alles zur Sprache kommt, was Sie bewegt. Ich weiß aus täglicher Begegnung auf vielen Ebenen um zahlreiche Themen und Probleme, die hier nicht verhandelt werden können. Ich wollte jedoch der Herausforderung dieser Frage nicht ausweichen. Dazu gehört auch der Mut zu einer Auswahl, die gewiss manchem Hörer und Leser einseitig vorkommen mag.

I. Was viele empfinden

Enttäuschung über die Kirche verbreitet sich in mehreren Lagern. Die einen haben beim Aufbruch des Zweiten Vatikanischen Konzils, der die Kirche erneuerte, geglaubt, dass sie wirklich neu Tritt gefasst habe in unserer Zeit und dass man sich der Kirche wieder freuen dürfe. Sie haben oft einen guten Teil ihres Lebens für diese Erneuerung eingesetzt. Ihr Zorn entstammt, auch wenn er manchmal bitter ist, einer enttäuschten Liebe. Viele Verwundungen, die persönlich erfahren worden sind oder überhaupt zur Geschichte der Kirche gehören, sind wieder aufgebrochen. Diese enttäuschten Christen haben den Eindruck, die Erneuerung der Kirche sei nicht konsequent genug fortgesetzt worden. Sie wittern einen Rückfall hinter das schon Erreichte und fürchten einen Rückzug der Kirche aus ihrer vielfachen Verantwortung und den Rückgriff auf frühere Zwangsmaßnahmen.

Im Gegenzug beklagen andere, dass sich die Kirche schon viel zu sehr an die moderne Zeit angepasst und dass sich darum in der Kirche fast alles zum Schlimmeren gewendet habe. Sie verweisen auf den massiven Rückgang des Gottesdienstbesuches und der Berufungen zum Priester- und Ordensstand, das Desinteresse vieler Menschen verschiedener Altersstufen an der Kirche, den Verfall der Moral und der kirchlichen Disziplin. Diese Katholiken führen die Lockerung der kirchlichen Bindungen auf eine zu große Öffnung der Kirche für die Welt zurück. Sie sehen die Rettung darin, dass sich die Kirche wieder stärker von der Welt abgrenzen und mehr auf ihre altbewährten Traditionen besinnen sollte.

Diese beiden gegensätzlichen Reaktionen beziehen sich oft auf dieselben Beobachtungen, deuten und bewerten sie jedoch ganz verschieden. Andere wiederum sehen gerade in diesen schier unüberbrückbaren Spannungen den Ausdruck der Krise schlechthin, weil durch diese Gegensätze die Einheit der Kirche zutiefst in Gefahr geraten ist.

Auch die Angriffslust von außen wird immer schärfer. Sie richtet sich nicht nur gegen die katholische Kirche, sondern immer mehr gegen den christlichen Glauben selbst. Dabei haben diese Kritiker aber häufig eher Zerrformen und Verfälschungen des Glaubens vor Augen; ihr Bild von Glaube und Kirche wird nicht selten von einzelnen Missständen und Skandalen bestimmt. Gewiss gibt es solche negativen Vorkommnisse, doch deren Kritik steigert sich oft zu einer pauschalen Verurteilung oder sogar zur gehässigen Verunglimpfung.

Die Empörung und Resignation im Inneren der Kirche und die Angriffe von außen verstärken sich gegenseitig. Es wäre gefährlich, wenn wir bei dieser Entwicklung nur mutlos und stumm zusehen würden.

Man muss darum die Gründe für das Entstehen und den Wandel unserer Situation zu erkennen suchen. Dabei darf man jedoch nicht bei relativ oberflächlichen Symptomen stehen bleiben, sondern muss auf die letzten Wurzeln zurückgehen.

Die moderne Zeit ist charakterisiert durch das, was man mit einem Schlagwort »Säkularisierung« nennt. Damit ist nicht bloß die Verweltlichung des gesellschaftlichen Lebens gemeint, auch nicht nur das Selbständig-Werden der Lebensbereiche gegenüber dem bestimmenden Einfluss der Religion, sondern die Abschwächung und der Verlust religiöser Elemente in unserem Denken und Fühlen. Sehr viele Menschen leben, als ob Gott nicht existierte. Man erkennt diesen Schwund konkreter Religiosität zum Beispiel daran, dass immer mehr Menschen ohne das Gebet am Morgen, am Abend oder bei Tisch auskommen. Das Brot aus der Fabrik und das Gemüse aus der Tiefkühlpackung erinnern uns ja auch kaum noch an die Geschenke der Schöpfung und des Schöpfers. Unser Denken ist mehr und mehr geradezu gefangen von den Aufgaben des Berufslebens, von Alltag und Freizeit, von Konsumangeboten und Unterhaltung. Doch uns beschäftigen nicht nur unablässig viele solche innerweltlichen Dinge, sondern unser Leben und Denken insgesamt erscheint wie in sich abgeschlossen: Es lässt nicht einmal mehr einen Türspalt offen für das, was unsere Welt übersteigt und jenseits unserer Geschichte liegt. Darum fühlen sich heute auch viele Menschen immer hilfloser, wenn sie an die Grenzen ihres Lebens stoßen. Der Umgang mit Sterben, Begräbnis und Totengedächtnis zeigt die Verlegenheit ganz deutlich. Überhaupt scheinen gerade Anfang und Ende des Lebens ganz in unseren Händen zu liegen. Je mehr der Glaube an den lebendigen, persönlichen Gott aus Herz und Sinn schwindet, umso leichter haben es neue, oft dumpfe Formen von Religiosität, wie zum Beispiel Astrologie und Magie, den frei gewordenen Platz zu erobern. Wir können dies zum Beispiel in unseren Schulen, in den Medien und auf dem Buchmarkt leicht beobachten.

In der modernen Gesellschaft gibt es viel mehr Freiheit und viel mehr Möglichkeiten für den einzelnen Menschen als früher. Dies bedeutet nicht nur, dass man heute frei aus einem großen Angebot auch von Religionen wie einem »Markt der Möglichkeiten« auswählen kann, sondern betrifft auch die Gestaltung des eigenen Lebensstils und der Lebensform. Damit ist nicht nur Kleidung und Mode gemeint: Mancher schneidert sich auch seine Weltanschauung aus vielen Flicken und Versatzstücken. Die Zunahme von nichtehelichen Lebensgemeinschaften und anderen neuen Formen des Zusammenlebens ist ein weiteres Zeugnis. Diese neuen Freiheiten offenbaren freilich auch oft eine Schattenseite, dass nämlich die einzelnen Menschen die Geborgenheit in fest gefügten, verlässlichen Gemeinschaften verlieren. Neue Arbeitszeitregelungen, die das Gemeinschaftsleben sprengen, können diesen Trend zusätzlich verstärken.

Von dieser Entwicklung ist die Kirche in besonderer Weise betroffen. Sie lebt schließlich davon, dass der Einzelne mit seinen Gaben und Fähigkeiten sich ihr freiwillig und auf Dauer verpflichtet. Viele Menschen möchten sich heute aber nicht mehr auf längere Zeit hin festlegen, sondern engagieren sich lieber mal hier und mal dort. Vor allen Dingen sind die Menschen großen Institutionen gegenüber zurückhaltend, deren Regelungen die eigene Freiheit berühren. Besonders misstrauisch werden sie, wenn mächtige Organisationen, zu denen für sie auch die Kirche zählt, mit einem verbindlichen Anspruch auf Wahrheit auftreten und Normen über die persönliche Lebensführung bis in den intimen Bereich hinein vorgeben. Hier will sich heute keiner mehr hineinreden lassen, sondern ausschließlich selber bestimmen und urteilen. Gewiss kann man diese Haltung bis zu einem gewissen Grad verstehen, weil in der Vergangenheit in der Tat Institutionen wie Kirche und Staat ihre Ideale nicht selten mit Verboten, Gesetzen und unter Strafandrohung durchgesetzt haben. Heute aber droht die Gefahr, dass jeder nur noch nach eigenem Gutdünken, ja sogar nach Beliebigkeit handelt. Die Rücksichtslosigkeit wächst, nicht nur von Mensch zu Mensch, sondern auch im politischen und wirtschaftlichen Leben, wie zum Beispiel allein schon Korruption, Waffen- und Drogenhandel erweisen.

Die Kirche ist hier in einer schwierigen Situation. Einerseits bejaht und unterstützt sie die größer gewordene Freiheit für den einzelnen Menschen, anderseits muss sie sich diesem Trend zur Beliebigkeit und Rücksichtslosigkeit entgegenstellen. Sie will zeigen, dass Freiheit nicht mit Willkür gleichzusetzen ist, sondern muss die Freiheit gegenüber ihren eigenen Gefährdungen verteidigen und schützen. Wahre Freiheit steht und fällt mit der Anerkennung allgemein verbindlicher Überzeugungen. Es ist unvermeidlich, dass die Kirche hier in Konflikt mit dem Zeitgeist kommt und deshalb für viele Zeitgenossen sperrig und unbequem ist.

Die Kirche hat im Lauf ihrer langen Geschichte dabei gewiss auch Fehler gemacht. Sie weiß, dass der Mensch nicht von Natur aus gut ist, und fürchtet darum bis heute, dass die Menschen ihre Freiheit vielleicht nicht richtig gebrauchen würden. Darum hat sie gelegentlich mehr der Kraft äußerer Maßnahmen vertraut als der Macht des gebildeten Gewissens. Auch bei vielen Konflikten steht – mehr oder weniger bewusst – die Suche nach der rechten Mitte zwischen Freiheit und Ordnung, Selbstverwirklichung und Rücksicht auf das Leben und die Würde anderer im Hintergrund. Es müsste der Kirche besser gelingen, deutlich zu machen, dass ihr energisches Eintreten für unverrückbare letzte Maßstäbe die Freiheit nicht zerstören, sondern schützen will.

III. Worauf es ankommt

Man spricht heute oft von einer kritischen Lage. »Krise« meint ursprünglich eine Situation der Unterscheidung und der Entscheidung. Wir müssen zuerst erkennen, wo die vordringlichen Herausforderungen sind. Sie liegen nicht zuerst oder gar allein bei einigen vordergründigen Themen, wie etwa bei den Fragen nach bestimmten Strukturen und Verfahren, besonders den Diensten und Ämtern in der Kirche. Es darf gewiss kein Frageverbot nach irgendeiner Richtung geben. Etwas befragen heißt jedoch nicht automatisch, es auch endgültig in Frage stellen. In einem Prozess der Klärung kann sich auch manches, besonders wenn es vertieft und erneuert wird, bewähren. Kirchen, die viele Reformwünsche von heute schon erfüllt haben, wie zum Beispiel Aufhebung des Zölibats und Priestertum der Frau, haben keineswegs geringere Schwierigkeiten. Es kommt offensichtlich auf noch grundlegendere Dinge an, die die eigentliche »Krise« ausmachen …

Das Zweite Vatikanische Konzil hat so viel von der Kirche gesprochen wie kein Konzil zuvor. Es war auch notwendig, in der Rede von der Kirche einiges zu klären. Doch dass so viele Worte über sie gemacht worden sind, hat nicht nur Vorteile. Kirche versteht sich ja nie aus sich allein. Sie ist nie ein Ziel in sich selbst, sondern hat ihren Ursprung immer in Jesus Christus und ist auf das Reich Gottes ausgerichtet. Man darf nie von ihr allein reden, wie man von anderen Institutionen reden kann. Sie ist keine in sich geschlossene Größe. Kirche ist immer in Bewegung: Sie kommt vom dreifaltigen Gott her und ist zu den Menschen gesandt. Darum sagen wir, dass die Kirche Werkzeug, Mittel und Sakrament Gottes für das Heil der Welt ist. Sie verfehlt ihre Aufgabe, wenn sie um sich kreist und sich nicht der Not der Welt sowie den Wunden der Zeit zuwendet und die Menschen zu Gott führt.

Diese Einsicht hat große praktische Konsequenzen. Wenn die Kirche sich zu viel mit sich und ihren Strukturen beschäftigt, fällt sie auf sich zurück und steht ihrer eigenen Aufgabe im Weg. An dieser Stelle sind wir wohl alle nach dem Konzil rückfällig geworden. Es ist manchmal zum Erschrecken, wie sehr wir Christen uns mit den eigenen Kirchenproblemen herumschlagen. Vor dem Ernst der Herausforderungen in der heutigen Welt – man denke nur an den Aufbau eines neuen Europa, die Gefahren des Nord-Südkonfliktes und die seelischen Katastrophen so vieler Menschen – sind viele dieser Probleme kaum mehr als Sandkastenspiele. Manchmal gewinnt man den Eindruck, dass man sich diese nur unter den Bedingungen eines hohen Wohlstands und eines gesicherten, ja mitunter satten Lebens leisten kann. Ich erfahre immer wieder schmerzlich, dass eine solche Kirche auf wache junge Menschen oder Leute mit großer Verantwortung für andere nicht mehr attraktiv wirkt.

In der Mitte allen Bemühens in der Kirche geht es um die Weckung und Förderung von Glauben, Hoffnung und Liebe in unserer Welt. In den Menschen der Kirche muss zuerst eine feurige Leidenschaft für Gott brennen – und sonst nichts. Hier gilt ohne Abstriche das Wort, das Jesus uns sagt: »Euch aber muss es zuerst um sein Reich und seine Gerechtigkeit gehen; dann wird euch alles andere dazugegeben« (Mt 6,33). Wenn Gott wirklich der einzige Halt im Leben und Sterben ist, dann ist das lebendige Zeugnis von ihm das Allerwichtigste. In einer Zeit, in der schon der Zugang zu Gott so verschüttet ist, muss die Kirche alles auf Gott hinordnen: Er soll in seiner Herrlichkeit und Seligkeit den Menschen aufgehen und sich als Hoffnung für alle Hoffnungslosen erweisen. Im Lobpreis der Kirche muss dieser Glanz erscheinen, und an ihren Diensten für die Menschen muss diese Hoffnung ablesbar sein.

So gewinnt auch das Wort Kirche wieder einen neuen Klang. Unsere Blicke hängen oft so an der Oberfläche der Institution Kirche, dass wir kaum mehr in ihr Inneres hineinsehen. Auch hier gehen wir oft hinter das zurück, was wir vom Zweiten Vatikanischen Konzil hätten lernen können. Kirche ist nie nur eine Organisation, von der man nur die Fassade kennen muss, sie erschöpft sich auch nicht in ihren Ämtern und Behörden. Man hört oft auch von katholischen Christen die Redensweise »Die Kirche muss …«, »Die Kirche soll …«, ohne dass man sich anscheinend selbst dazu zählt. Wir sind in Gemeinschaft mit Gott in Jesus Christus die Kirche, die der Geist erfüllt und führt. Zur Kirche gehören der Missionar bei den Ärmsten der Armen, die Schwester und der Pfleger im selbstlosen Dienst an Schwerstbehinderten, der stille seelsorgliche Begleiter, die christlich engagierte Politikerin und der verantwortungsvolle Unternehmer, der Einsiedler in seinem stellvertretenden Gebet für die Welt und die Eltern in ihrer Sorge für die Kinder, die Jugendlichen mit ihren drängenden, oft unbequemen Fragen, all jene Kranke, die in der Geduld Jesu Christi ihre Leiden tragen … Kirche ist diese reiche, vielschichtige, uns oft auch verborgene Wirklichkeit: Ihre leuchtendsten Zeugen haben wir in den Heiligen vor Augen. Dieser Reichtum der Kirche ist immer ein Geschenk des Geistes Gottes.

So gesehen ist die Kirche nicht unser Produkt: Wir »machen« sie nicht, wie man oft leichtfertig daherredet. Freilich wird sie aus lebendigen Steinen aufgebaut (vgl. 1 Petr 2,5) und fordert unser eigenes Zeugnis in Wort und Tat.

Überhaupt kann man Kirche nicht verstehen, wenn man sie auf die Dauer nur aus der Pose des Zuschauers oder von der Warte des Kritikers aus beobachtet, sondern nur wenn man mit ihr lebt. Die Kirche braucht aus vielen Gründen auch eine kritische Öffentlichkeit, die ihren Schwächen durchaus den Spiegel vorhalten soll. Aber das, was in diesem Spiegel zu sehen ist, ist eben nicht ihre volle Realität. Die ganze Wirklichkeit erscheint kaum in den vielen Talkshows, Nachrichten, Notizen und kritischen Kommentaren, die täglich über die Mattscheibe flimmern. Sie kann es auch nicht. Wer nicht am Leben der Kirche selber teilnimmt und ihren Glauben zu teilen versucht, ist auf die Dauer nicht in der Lage, das ihm in den Medien vermittelte Kirchenbild zu überprüfen, nötigenfalls zu korrigieren und zu ergänzen. Der viel berufene mündige Christ ist dazu auch nur in der Lage, wenn er sich bemüht, seinen Glauben und seine Kirche besser kennen zu lernen. Ein Urteil kann man nicht locker aus dem Handgelenk heraus fällen, sondern man muss auch hier eine solide Kenntnis suchen, wie sie uns in anderen Sachgebieten selbstverständlich ist. Das Ausmaß der Halbbildung in Sachen Glauben und Kirche ist erschreckend. Die Christen müssen darum die ihnen seit Jahrzehnten in der Katechese, der Religionspädagogik und der Erwachsenenbildung angebotenen, gediegenen Hilfen mehr als bisher nutzen. Es gibt auch eine Fülle guter Bücher. Wer zum Beispiel den »Katholischen Erwachsenenkatechismus« kennt, fällt auf viele Verwirrspiele in der üblichen öffentlichen Meinung nicht so leicht herein.

Besonders oft stoßen heute öffentliche Meinung und kirchliche Lehre aufeinander. Für den modernen Menschen kreist sehr vieles um das eigene Ich und seine Betroffenheit. Den Zeitgenossen scheint dies ganz normal zu sein, und doch ist eine solche Sicht keineswegs selbstverständlich. In der Bibel ist der Einzelne in seiner Situation zwar durchaus auch angesprochen. Aber das wandernde Volk Gottes braucht im Gang der Zeiten auch das verlässliche Glaubensbekenntnis der Kirche. Dieses muss gewiss immer wieder neu ausgelegt und frisch übersetzt werden, aber man darf es nicht mit dem Argument beiseite schieben, es entspräche nicht mehr den heutigen Lebenserfahrungen und Bedürfnissen. Ohne Bekenntnis und Lehre gibt es keine Kirche. Das »Credo« der Kirche war über fast zwei Jahrtausende ein unentbehrlicher Wegweiser und Maßstab – wie dürften wir uns einbilden, darauf verzichten zu können?

Das Glaubensbekenntnis ist einer der unerschütterlichen Pfeiler für den Bau der Kirche, aber nicht jede Tradition und jede Gewohnheit ist ein solcher Pfeiler. Hier gilt es sorgfältig zu unterscheiden. Wenn das Fundament des Glaubens fest und gewiss ist, dann ist es auch leichter, in den veränderlichen Bereichen der Kirche auf die Zeichen der Zeit zu antworten. Ich denke an viele Probleme, die wir vor uns herschieben und die uns belasten. Die entschlossene Treue im Glauben befreit zur immer notwendigen Erneuerung der Kirche. Freilich, wer weiß, dass er selber zu den armseligen und fehlbaren Gliedern des wandernden Gottesvolkes gehört, beginnt die Reform der Kirche still zuerst bei sich selbst.

Uns allen ist die Erzählung von dem Sturm auf dem See vertraut, dem Jesus Einhalt gebot (vgl. Mt 8,23–27). Die Jünger haben Angst. Der Herr scheint sich nicht um die Not der Seinen zu kümmern. Er schläft. Das Boot wurde von der Zeit der jungen Christenheit bis heute auf das Schifflein der Kirche gedeutet. Den Jünger unserer Tage mag oft dieselbe Angst beschleichen, dass die tosenden Wasser des Meeres das Schiff der Kirche überrollen könnten. Am schlimmsten ist diese Angst der Christen. Der Evangelist Matthäus nennt sie »Kleinglauben«. Auch heute verlieren die Jünger die Macht und Gegenwart des Herrn aus dem Sinn und sind oft wie gelähmt. Doch die Stärke des Glaubens besteht darin, dass der Christ sich immer wieder dem Herrn zuwendet und von ihm sich gehalten erfährt. Der Herr greift auf das inständige Gebet der Kirche hin ein und beruhigt durch sein Wort die großen Wogen. Diese Verheißung gilt auch für die heutigen Glaubenszeugen in allen Situationen. Der Herr wird, wenn wir ihn nur mit ganzem Herzen bitten und vertrauensvoll anrufen, bei seiner Kirche bleiben »alle Tage bis zum Ende der Welt« (Mt 28,20b). Schließlich ist dies sein Name, den er von Anfang an dem Gottesvolk rettend offenbarte: Ich werde immer bei euch sein (vgl. Ex 3,14). Ich bitte darum, dass dieser Glaube an den Herrn der Kirche auch uns erhalten bleibe und allen »Kleinglauben« überwinde.

19 | ZUR EHELOSIGKEIT DER PRIESTER

Nachfolge des Herrn in ungeteiltem Dienst.
Brief an die Gemeinden
über die Ehelosigkeit des Priesters
HIRTENBRIEF ZUR ÖSTERLICHEN BUSSZEIT 1993

Ein Thema hat Hochkonjunktur wie nie zuvor: der Zölibat des Priesters. Kaum schlägt man eine Illustrierte auf, ist schon die Rede davon. In keinem Interview mit einem Bischof wird die Frage ausgelassen. Bei Besuchen in den Gemeinden werde ich ständig darauf angesprochen, in den Gesprächen mit Firmkandidaten genauso wie im Pfarrgemeinderat. Witze darüber gab es schon immer. In diesem Jahr haben sogar die großen Fastnachtsumzüge die Zölibatsfrage auf ihren Wagen vorgeführt.

I. Wie ist die Lage?

Es ist seltsam: Je mehr die Ehelosigkeit des Priesters abgelehnt wird, umso mehr wird darüber diskutiert. Dafür gibt es viele Gründe. Viele Priester haben nach dem Zweiten Vatikanischen Konzil ihr Amt niedergelegt. Die meisten zogen sich unter großem Ringen und ohne großes Aufsehen zurück. Es gab daneben immer auch skandalträchtige Fälle. Neuerdings wird die größere Öffentlichkeit von einigen Betroffenen aber auch bewusst und spektakulär gesucht.

Für die Priester hat sich zudem seit einiger Zeit die Situation geändert, in der sie den Zölibat leben: Die Sexwelle geht auch an ihnen nicht spurlos vorbei. Zugleich ist das Leben in den Pfarrhäusern für viele einsamer und schwieriger geworden. Der tägliche Stress lässt immer weniger Zeit, aus Besinnung, Theologie und Gebet neue Kraft zu schöpfen. Der Priester genießt nicht mehr so wie früher eine herausgehobene und zugleich auch geschützte Stellung. Viele wollen auch nicht mehr als »weltfremde« Kleriker erscheinen, sondern als ganz normale lebensnahe Menschen, zum Beispiel auch in ihrer Kleidung. Insgesamt gehen die Menschen, auch verschiedenen Geschlechts, unbefangener und lockerer miteinander um. Man erwartet heute, dass man sich auch zu außergewöhnlichen Beziehungen offen bekennt.

Wer nicht mitspielt, gerät schnell in den Verdacht, etwas zu verbergen. Überhaupt ist man mit Verdächtigungen schnell zur Hand. Sehr viele Menschen können sich heute ein Leben ohne sexuelle Beziehungen überhaupt nicht vorstellen, und wer vorgibt, ein solches Leben zu führen, gilt bald als verklemmt oder gar irgendwie krank. Der Zölibat gibt Anstoß.

Es ist so auch nicht verwunderlich, dass die Gemeinden selber in ihrer Haltung zum Zölibat des Priesters gespalten sind. Besonders bei Konflikten wird dies immer wieder deutlich. Aber auch Umfragen zeigen, dass viele Katholiken für den Zölibat kein Verständnis mehr haben und die von der Kirche geforderte Ehelosigkeit ihrer Priester nicht mehr ohne weiteres mittragen. In Krisensituationen erfährt der Priester besonders, dass seine Lebensform von vielen nicht mehr gestützt wird. Dies verunsichert ihn zutiefst.

Auch das Bistum Mainz ist in letzter Zeit von einigen Aufsehen erregenden Fällen erschüttert worden. Darum möchte ich mich in der gebotenen Kürze eines solchen Hirtenwortes an die Gemeinden wenden, ohne dass hier alle Fragen der Ehelosigkeit des Priesters zur Sprache kommen können.

II. Welche Gründe sprechen für die Ehelosigkeit des Priesters?

Die Berufung zur Ehelosigkeit gehört ebenso wie die christliche Ehe in das Herz des Evangeliums. Beide Lebensformen darf man, wenn man sie christlich versteht, viel weniger auseinander reißen, als dies oft geschieht. Eine im Geist des Evangeliums geführte Ehe in lebenslanger Treue fordert nicht weniger Einsatz als ein eheloses Leben um Christi willen. Schon darum darf man das eine gegen das andere nicht ausspielen. Ich weihe niemanden zum Priester, der die Ehe in ihrer Würde nicht achtet.

Jesus Christus war im Gegensatz zu den jüdischen Gewohnheiten ehelos. Er war dies nicht aus Bequemlichkeit, Verachtung der Geschlechtlichkeit oder aus Angst vor der Frau, sondern weil er bis in die letzte Faser seiner Existenz von seiner Sendung erfüllt war, überall die Nähe des Reiches Gottes zu verkünden. Zur Erfüllung dieses Auftrags ruft Jesus Menschen in seine Nachfolge und erwartet von seinen Jüngern eine völlige Freiheit von Besitz und familiären Bindungen. Ein eheloses Leben in diesem Sinne sucht man sich also nicht selber aus, sondern es ist mit dem Ruf in eine besondere Nachfolge verbunden. Es ist ein Charisma, das heißt eine Gabe des Geistes Gottes an die Kirche. Ein Charisma können wir weder bestellen noch einfach abschaffen. Es ist zwar ein Geschenk, es muss jedoch auch als lebensgestaltende Kraft angenommen werden. »Wer es erfassen kann, der fasse es« (Mt 19,12).

Paulus führt dies weiter, wenn er sagt: »Ich wünschte, alle Menschen wären (unverheiratet) wie ich. Doch jeder hat sein Charisma von Gott, der eine so, der andere so« (1 Kor 7,7). Der Apostel versucht auch zu erklären, warum Unverheiratet-Sein in diesem Sinne eine eigene Gnadengabe ist, denn »der Unverheiratete sorgt sich um die Sache des Herrn; er will dem Herrn gefallen. Der Verheiratete sorgt sich um die Dinge der Welt; er will seiner Frau gefallen. So ist er geteilt« (1 Kor 7,32ff). Dies sind harte Worte. Wer aber wirklich für seine Familie lebt, weiß, wie viel sie von seiner Kraft fordert. Der um Christi willen Ehelose soll fähig und bereit sein, allen alles zu werden (vgl. 1 Kor 9, 22) und viele als seine Familie anzusehen, so wie Jesus im Blick auf die Jünger sagen konnte: »Das hier sind meine Mutter und meine Brüder« (Mt 12,49). Die Ehelosigkeit des Priesters bedeutet darum nicht in erster Linie einen Verzicht. Vielmehr ruft Gott Menschen zu einer vorbehaltlosen Verfügbarkeit für viele Schwestern und Brüder. Es geht nicht um ein »Weniger« an Liebe, sondern um ihre unerhörte Fülle und unbegrenzte Weite. Darum darf man Ehelosigkeit auch nie privat oder isoliert verstehen. Es geht um ein Leben, das sich ganz für Gott frei macht und für die Menschen, die er einem anvertrauen will. Darum verlangt Jesus von seinen Jüngern zugleich auch Armut, Heimatlosigkeit und Gehorsam. Der Zölibat kann darum nur in dieser radikalen Freiheit auch von allen anderen Bindungen und Fesseln gelebt werden. Es ist verräterisch, wenn wir nur vom »Halten des Zölibats« sprechen. Das ganze Leben muss in die Nachfolge des Herrn gestellt werden. Der Zölibat verliert seine Aussagekraft, wenn der Priester in anderen Bereichen für sich Ansprüche stellt wie jeder andere auch. Umgekehrt gehört zu einem Leben in Armut und selbstlosem Dienst für andere die Ehelosigkeit wie selbstverständlich dazu: Niemand kann sich ernsthaft vorstellen, dass eine Mutter Teresa in ihrem Leben und Wirken zugleich auch verheiratet gewesen wäre.

Wenn die Heilige Schrift sagt, dass man im Himmel nicht mehr heiratet (vgl. Mk 12,25), so liegt darin eine äußerste Herausforderung. Die Ehe bleibt in dieser Zeit ein sehr hohes Gut. Sie ist sogar ein Sakrament, weil sie hier und jetzt etwas von der bleibenden Liebe Gottes mitteilt. Bei aller Liebe zur Schöpfung ist die Welt in ihrer gegenwärtigen, oft auch dunklen Gestalt bleibend vorläufig und vergänglich. Der Priester predigt dies nicht nur mit Worten, sondern belegt es leibhaftig mit seinem ehelosen Leben. Er weist mit seinem ganzen Leben auf die kommende Welt hin. Dies kann auch für ihn selbst recht hart sein, aber noch mehr ist es für viele Menschen unserer Zeit ein Ärgernis. Sie suchen die Erfüllung ihres Lebens oft nur in dieser Zeit und können in einer Ehelosigkeit um des Himmelsreiches willen nur eine Narrheit sehen. Der Priester ist jedoch nicht weltflüchtig, sondern bleibt in seinem Verzicht auf »normale« irdische Geborgenheit gerade denen besonders nahe, die auf der Schattenseite dieser Welt leben müssen. Schon von Anfang an gilt der Priester darum auch als »Vater der Armen«.

Wenn man sich dies alles vergegenwärtigt, kann man vor dem erschrecken, was Menschen von Gott zugemutet wird. Es ist nicht zu leugnen, dass mancher an dieser Lebensform auch gescheitert ist. Zugleich ist nicht weniger wahr, dass unzählige Priester zu allen Zeiten unter oft erbärmlichen Bedingungen einem solchen Ruf Gottes vorbildlich entsprochen haben. Die Menschen in der Kirche waren und sind immer dankbar für solche Priester. Dennoch war die Gefahr, dass das Zeichen eines um Jesu Christi willen ehelosen Lebens nicht mehr verstanden wird, wohl selten so groß wie in unserer an Konsum und Genuss orientierten Zeit. Umso notwendiger ist ein solches Zeugnis.

In diesem Sinne bekennt sich die katholische Kirche zu der Verbindung von Ehelosigkeit und Priestertum. Es gibt in ihrem eigenen Bereich, nämlich in einigen katholischen Ostkirchen, freilich auch verheiratete Priester. Die lateinische Kirche hält jedoch entschieden an der Ehelosigkeit des Priesters fest. In der neueren Diskussion bleibt man oft bei der Aussage stecken, dass diese Verbindung ja kein Dogma und darum nicht notwendig sei. Darum redet man auch schnell von der Möglichkeit, diese Regelung abzuschaffen. Aber dies ist nur die halbe Wahrheit. Man übersieht dabei völlig, dass die gesamte kirchliche Tradition zwischen der Ehelosigkeit und dem Priestertum eine innere Entsprechung und eine tiefere Angemessenheit sieht. Dies gilt auch für das Zweite Vatikanische Konzil.

Über die so genannte Koppelung von Zölibat und Priesterweihe kann und wird gewiss auch künftig diskutiert werden. Niemand kann dies verbieten. Aber jeder sollte auch wissen, dass diese Diskussion allein keine neuen Fakten schafft. Niemand sollte deshalb so tun, als ob die Kirche in absehbarer Zeit ihre Praxis grundlegend ändern würde. Es weist zur Zeit nichts daraufhin, dass sie eine andere Gestalt des Priestertums in Erwägung zieht. Dies ist Ausdruck der Überzeugung der Kirche, dass die Lebensform des ehelosen Priesters der Erneuerung fähig ist und darum auch Zukunft hat. Es geht nicht um ein starres Festhalten an irgendwelchen alten Zöpfen.

Diese Einschätzung der Lage ist von großer Bedeutung für das Leben der Kirche. Die Gemeinden müssen bei allem Ringen um die Zukunft von dieser Gewissheit ausgehen, dass das ehelose Priestertum weiter die Regel bleiben wird. Kein Priester, der jetzt geweiht wird, kann damit rechnen, zu seinen Lebzeiten würde dies anders. Die Illusionen der späten sechziger und frühen siebziger Jahre, die schon einmal solche Erwartungen nährten, haben bittere Enttäuschungen gebracht und zu manchen Amtsniederlegungen geführt. Wer heute Priester zu werden gedenkt, muss diese konkrete Lebensform des ehelosen Priestertums wagen und darum auch von den Gemeinden mitgetragen und ermutigt werden. Um einer solchen Berufung ein Leben lang treu zu bleiben, muss man wissen, worauf man sich einlässt. Ständige Unsicherheit schon im Vorfeld und in der Kirche selbst macht durchaus bereiten jungen Menschen eine positive Entscheidung immer schwieriger. Ohne eine solche unwiderrufliche Lebensentscheidung kann niemand Priester werden. Auch der Priester, der in der Gemeindearbeit steht und mit seinem Versprechen zum ehelosen Priestertum in einen Konflikt gerät, braucht von den Schwestern und Brüdern der Gemeinde vielleicht stille, aber doch eindeutige Signale, dass man ihn in seiner ehelosen Lebensform stützt und zu einer Erneuerung seines Versprechens ermutigt.

Freilich muss zur Stärkung der ehelosen Lebensform, damit sie heute und morgen besser lebbar ist, noch vieles geschehen. Wir brauchen eine tiefere Erziehung zum Umgang mit der menschlichen Sexualität, was für künftige Eheleute übrigens nicht weniger wichtig ist. Während der Ausbildungszeit und in der Priesterschaft muss viel offener über das ehelose Leben gesprochen werden. Laien, natürlich auch Frauen, haben dabei eine unersetzliche Aufgabe. Das Zusammenwirken von Verheirateten und Unverheirateten im pastoralen Dienst muss auch im Blick auf unsere Frage intensiver werden. Wir Priester haben manchmal eine romantische Vorstellung von Ehe und Familie. Außerdem müssen die Priester das Angebot, in Priestergemeinschaften zu leben und zu wohnen, viel energischer nutzen. Die Rahmenbedingungen dafür müssen verbessert werden. Hier ist noch viel zu tun. Die Familien in den Gemeinden haben früher den Priester oft freundlich in ihre Mitte aufgenommen. Auch so konnte ihm Gemeinde zur Heimat werden. Wenn dies heute wieder besser gelänge, könnte manche Einsamkeit der Priester wenigstens gelindert werden.

Wir müssen den Mut haben, unsere Situation mit ihren Möglichkeiten und Grenzen genau einzuschätzen. Wir dürfen weder von der Vergangenheit träumen noch in eine vage Zukunft flüchten. Wenn wir die gegenwärtigen Möglichkeiten voll nützen, sind wir auch am besten auf die uns noch unbekannte Zukunft vorbereitet.

Niemand weiß genau, wohin uns der Geist Gottes im dritten Jahrtausend führen wird. Er kann von überall her wehen, aber er ist nicht zu verwechseln mit dem »Geist der Welt«, der uns zu einer bloßen Anpassung verführen will. Gottes Geist weht auch nicht da, wo man die Lebensform des ehelosen Priestertums gering schätzt. Vielleicht geht er mit uns ungewöhnliche Wege. Aber niemand hat so die Nase vorn, dass er mit Sicherheit diese Wege vorauswüsste. Viele Vorschläge, wie zum Beispiel einer möglichen »Weihe von in Beruf und Ehe sowie Familie bewährten Männern« *(viri probati)*, müssen von Grund auf neu durchdacht und vertieft werden. Niemand kann und wird einen billigen Ersatz für den ehelosen Priester erwarten. Man muss auch über neue Formen der Gemeindeleitung nachdenken. Man wird auch nochmals genauer überlegen, welche Aufgaben, Dienste und Ämter über das bisherige Maß hinaus der Frau anvertraut werden können. Ich denke hier auch an den Diakonat der Frau.

Jetzt muss zunächst alles getan werden, um Berufungen zum ehelosen Priestertum zu wecken und zu stärken. Hier können wir alle noch sehr viel mehr tun, angefangen von der Frage, wie weit wir Priester wirklich auch überzeugende Vorbilder sind, bis zum täglichen Gebet in jeder Gemeinde um Berufungen. Ich weiß um den Ernst der Situation. Aber Panikmache ist auch in der Situation der Not kein guter Ratgeber.

Ich spüre, um was für ein schwieriges Thema es sich handelt, wie vieles missverständlich ist und wie vieles ich hier übergehen muss, obgleich ich viel darüber nachgedacht habe. Jeder in der Kirche ist aufgerufen, sich aufgrund des gemeinsamen Priestertums aller Getauften Gedanken zu dieser Situation zu machen. Man muss dafür aber auch bereit sein, sich zuvor vorurteilslos und gründlich mit der Sache selbst vertraut zu machen.

Die Kirche muss ihre eigenen Wege finden. Nicht alles jedoch steht in unserer Macht. Ich erbitte Ihr Gebet um das Kommen des Gottesgeistes, der uns auf diesem gemeinsamen Weg erleuchten und immer wieder Menschen rufen möge, die sich mit Leib und Seele einem immer noch faszinierenden Beruf verschreiben: Gottes Spuren auch für unsere Welt aufzuzeigen.

»... damit sie das Leben haben und es in Fülle haben.« Aufruf zur Teilnahme an gemeinsamen Beratungen zur Zukunft der Seelsorge in den Pfarrgemeinden

HIRTENBRIEF ZUR ÖSTERLICHEN BUSSZEIT 1995

In nicht wenigen Gemeinden brechen in diesen Jahren Fragen auf: Bekommen wir wieder einen Pfarrer? Oder werden wir von einer anderen Pfarrei her mitbetreut? Wie wird es überhaupt um die Zukunft der Seelsorge in unseren Gemeinden bestellt sein? Denken die da oben auch wirklich an uns, an die kleinsten Gemeinden?

Wir müssen zusammen diese Frage aufgreifen und uns ihrer Herausforderung stellen. Es ist besser, Problemen in die Augen zu sehen und sie anzupacken, anstatt die Augen zu schließen und weiterzumachen, solange es gerade noch geht. Darum möchte ich mit Ihnen einen ersten Zugang in Richtung einer Antwort versuchen.

Wir wollen jedoch nicht sofort nach Strukturen und Stellen fragen. Wir müssen vom Ziel her kommen. Wir brauchen eine Vision: Wozu sind wir überhaupt Kirche und Pfarrgemeinde?

I. Warum Kirche und Pfarrgemeinde?

Wir suchen inmitten der Aufgaben und Umtriebe unseres Lebens, die uns oft richtig gefangen nehmen, nach einem verlässlichen Halt. Wenn wir ihn nicht finden, taumeln wir orientierungslos durch unsere Jahre. Ohne einen Kompass, nach dem wir uns ausrichten, sind wir wie welke Blätter im Herbst, die der Wind beliebig hin- und herschaukelt, bis wir zufällig irgendwo landen.

Wir sind alle lebenshungrig. Vom ersten bis zum letzten Atemzug ringen wir um dieses Leben, ähnlich wie eine Pflanze sich immer wieder nach dem Licht reckt. Wir wollen dabei nicht bloß dahinvegetieren, aber auch nicht nur das Leben für uns genießen. Leben aber ist immer auch gefährdet: nicht nur durch Krankheit und Tod, sondern auch durch unsere eigene Unersättlichkeit und Unvernunft. Zu viel Lebensgier wirkt zerstörerisch.

Dieses Leben können wir uns nicht selbst verschaffen. Es wird uns Menschen im Letzten geschenkt. Wir spüren dies besonders, wenn Leben gelingt und glückt. Dann fällt es uns nicht so schwer zu beten: »Denn bei dir ist die Quelle des Lebens« (Ps 36,10). Gott ist nicht nur der Urheber, er bleibt auch ein Freund des Lebens (vgl. Weish 11,26). Deshalb legen wir das Leben des Menschen in Gottes Hand. Wir wissen um die tiefe Bedrohung, die vor allem von uns selbst kommt, besonders durch die vielen Formen der Gewalt. Sünde ist ein Vergehen gegen Leben und leben lassen. Dies bekommt besonders das Schwache zu spüren. Leben muss darum besonders am Anfang und am Ende unseres Daseins geschützt, ermutigt und an die Hand genommen werden.

Gott möchte alle Wunden heilen und unser Leben immer wieder erneuern. Nichts anderes will uns Gott in Jesus Christus mitteilen: Er ist »das Wort des Lebens« (1 Joh 1,1). »In ihm war das Leben, und das Leben war das Licht der Menschen« (Joh 1,4). Darum kann Jesus den Menschen eine Erfüllung ihres Hungers nach Leben verheißen, die sonst niemand versprechen kann: »Ich bin gekommen, damit sie das Leben haben und es in Fülle haben« (Joh 10,10). So harmlos, wie es vielleicht in unseren Ohren klingt, ist dieses Leben freilich nicht. Leben ist hier immer auch die Bereitschaft, sein Leben einzusetzen für andere, es sogar zu verlieren. Der Preis für ein Leben, das nicht untergeht und nicht im Tod bleibt, ist vorbehaltlose und wehrlose Liebe. Zu einem solchen Leben gehört auch die Kraft zu Verzicht und Opfer. Sonst wäre die Rede von der »Fülle des Lebens« unwirklich und trügerisch. »Wer an seinem Leben hängt, verliert es« (Joh 12,25). Es ist das Geheimnis des Weizenkorns: »Wenn es stirbt, bringt es reiche Frucht« (Joh 12,24). Ein solches Leben aus der Liebe kann uns nicht genommen werden. Darum bekennen wir: Ich glaube an das ewige Leben. Dann wird Gott alle Tränen abwischen. Erst dann erweist sich die endgültige Macht der Liebe über alle Gewalt. Die Weltgeschichte wird nun mit den Augen Gottes lesbar.

Weil Gott dieses Evangelium vom unzerstörbaren Leben in seinem Sohn der Welt mitteilen will, darum gibt es die Kirche. Sie hat nur den Zweck, in unserer Geschichte der sichtbare Ort dafür zu sein, dass diese Einladung Gottes zum Leben überall ankommt und angenommen werden kann. Niemand kann diese Gabe für sich allein beanspruchen. Darum ist die Kirche das gemeinsame Haus des Gottesvolkes, die Stätte gemeinschaftlichen Lobens und Dankens, das Sakrament des Heils Gottes für die Welt, der Ort der Versöhnung in vielen symbolträchtigen Zeichen: das Wasser des Lebens in der Taufe und das Brot des Lebens in der Eucharistie, die Stätte der liebenden Sorge um alle Armen, Kranken und Bedrängten, Oase auf der Suche nach Gerechtigkeit und Frieden.

II. Welche Hilfen und Strukturen sind dafür am besten geeignet?

Diese Fülle des Lebens soll leibhaftig allen Menschen zuteil werden. Darum gibt es von Anfang an Sendung in der Kirche. »Ihr werdet meine Zeugen sein in Jerusalem und in ganz Judäa und Samarien und bis an die Grenzen der Erde!« (Apg 1,8). Mission entspringt im Herzen der Kirche. Immer wieder müssen wir hinaus an die Hecken und Zäune unserer kleinen und großen Welt. Darum arbeiten bis heute Frauen und Männer, auch aus unserem Bistum, für diese Ausbreitung der christlichen Botschaft vom wahren Leben in aller Welt. Ich habe soeben in einer der ärmsten Gegenden unserer Welt, der Sahel-Zone am Rand der unermesslichen Sahara-Wüste, erfahren, welche Lebensermutigung das Evangelium für diese geplagten Völker bedeutet.

Damit die Botschaft des Lebens auch in unserer Heimat verkündigt werden konnte, kamen Missionare, Männer und Frauen wie die heiligen Bonifatius und Lioba, zu uns. Sie haben Klöster und Bistümer als

Stützpunkte ihrer Missionstätigkeit gegründet. Vor ihnen waren es Christen aus weltlichen Berufen, wie Soldaten, Seeleute und Händler, die durch ihr Lebenszeugnis zu ersten Boten des Glaubens wurden. Darauf bauten die berufsmäßigen Missionare auf. Das Pfarrsystem, besonders in den stadtarmen Gebieten, gab es erst viel später.

Dieser knappe Einblick in die frühe Geschichte unseres Glaubens ist nicht ohne Bedeutung für unsere heutigen Fragen. Wir haben uns vielleicht zu selbstverständlich an unsere Seelsorgeformen und pastoralen Strukturen, auch an die Gestalt der Pfarrgemeinden, gewöhnt. Immer wieder gab es Wandlungen und Anpassungen, wobei man sich der Vorläufigkeit dieser Hilfen recht bewusst war. Das Haus der Pfarrgemeinde war nicht so fest gebaut wie heute. Es blieb dafür auch beweglicher. Wichtig war die Gesamtheit der Glaubenden mit ihrem Zeugnis, die sich bei aller Verschiedenheit immer wieder um den Herrn versammelten. Sie haben die Kirche am Ort durch ihr Leben und Wirken mitgetragen. In ihrer Mitte wirkte im Auftrag des Bischofs ein Pfarrer, der – im Sakrament der Priesterweihe durch den Gottesgeist ermächtigt – im Namen des dreifaltigen Gottes das Wort Gottes verkündigte und die Heilszeichen, besonders die Eucharistie, feierte. Zu ihm gesellten sich im Lauf der Zeit viele Helfer. Manchmal übernahmen auch Klöster die Aufgabe der Seelsorge.

Wir stehen heute vor neuen Herausforderungen. Der Priestermangel ist nicht zu leugnen. Er belastet nicht wenige Mitbrüder sehr. Ohne die tatkräftige Hilfe vieler Ständiger Diakone, der Frauen und Männer aus den Berufen der Gemeinde- und Pastoralreferenten sowie vor allem der ehrenamtlichen Laien innerhalb und außerhalb der Räte wäre die Situation noch viel schwieriger. Sie haben alle ihre besonderen Aufgaben und sollen ihr eigenes Profil nicht verlieren. Priester können eben nur durch Priester ersetzt werden.

Die Weltkirche, zu der wir gehören, bietet keine reale Möglichkeit, in absehbarer Zeit die Zugangsbedingungen zum priesterlichen Dienst zu ändern. Wer über die Fragen der Ehelosigkeit des Priestertums und die dem Mann vorbehaltene Priesterweihe trotz der ergangenen kirchlichen Entscheidungen weiter diskutieren will, muss nüchtern erkennen, dass es – ganz gewiss in naher Zukunft – keine alternativen Lösungswege gibt, mit denen die Situation des Priestermangels behoben werden könnte. Dies zu sagen gebieten Aufrichtigkeit, Loyalität und Klugheit im Blick auf das, was jetzt geplant und von uns realisiert werden kann und soll. Es wird kein Jahrhundertwerk sein, vielleicht eine Hilfe zur pastoralen Planung über das Jahr 2000 hinweg.

Wir können noch manches verbessern. In vielen Gemeinden tragen die ehrenamtlichen Laien schon sehr vieles mit. Der Pfarrer kann sich, gerade auch in der Verwaltung, spürbar entlasten lassen. Nicht wenige Gemeinden, die sich bisher mehr von oben versorgen ließen, sind zu einer erstaunlichen aktiven Mitverantwortung erwacht. Ich weiß, dass viele Laien schon über Gebühr belastet sind. Wir können jedoch noch viel gewinnen durch eine wirkungsvollere Zusammenarbeit. Dies gilt für alle, Ehrenamtliche und Haupt- sowie Nebenberufliche, pastorale Laienberufe, Ständige Diakone und Priester, Pfarrgemeinde- und Verwaltungsräte. Dies gilt jedoch nicht nur für die Personen, sondern nicht weniger für die pastoralen Räume über die Grenzen einer einzelnen Pfarrei hinweg. Hier ist manches, zum Beispiel die Gottesdienstzeiten, zu wenig aufeinander abgestimmt. Wir leben und arbeiten schon in größeren Räumen, wenn wir zum Beispiel auf die bürgerlichen Gemeinden, Sozialstationen und Schulen schauen. Wir müssen uns den pastoralen Nahraum mehr zu Eigen machen und darum manches besser einander zuordnen. Nicht alles kann gleichzeitig in allen Gemeinden zum Beispiel eines Pfarrverbandes stattfinden. Es bleibt auch genauer zu fragen, warum manche Pfarrverbände nicht funktionieren und ob sie überhaupt geeignete Instrumente einer wirkungsvolleren Kooperation sein können. Voraussetzung dafür ist freilich nicht nur eine bessere organisatorisch-technische Zusammenarbeit, sondern auch ein tragfähigeres Fundament im Sinne eines menschlich und spirituell vertieften Miteinanders. Im gesamten Feld können wir, wenn wir einige Reibungsverluste und Leerläufe beseitigen oder wenigstens verringern, noch manche freien Energien nützen.

Freilich muss auch ernsthaft geprüft werden, wie besonders der

Pfarrer, der für mehrere Gemeinden zuständig ist, mehr als bisher entlastet werden kann. Hier geht es nicht nur um ein fruchtbares Zusammenwirken zwischen allen beteiligten Diensten und Ämtern, sondern auch um ein möglichst selbständiges Handeln der einzelnen Räte. Die pastoralen Laiendienste können im Rahmen der Seelsorge gewiss zusätzlich einige Aufgaben übernehmen, zum Beispiel in Wortgottesdiensten und eventuell auch bei Beerdigungen. Vor allem aber muss geklärt werden, wer für die wichtige Aufgabe einer Kontakt- oder Bezugsperson in den Gemeinden in Frage kommt, in denen kein Pfarrer wohnt, und welche Befugnisse sie bei der Begleitung der Gemeinde innehat. Das Kirchenrecht gibt dafür neue Gestaltungs-Spielräume (vgl. CIC can. 517 § 2).

III. Wie soll es weitergehen?

Mit diesen wenigen Fragen wollte ich Sie, liebe Schwestern und Brüder, etwas neugierig machen und Sie anregen, sich in den kommenden Wochen und Monaten an einem Beratungsprozess über diese Fragen zu beteiligen.

Ich habe Sie vor mehr als zehn Jahren um Ihre Meinung über die »Schwerpunkte der Pastoral« im Bistum gefragt. Wir haben während der letzten zehn Jahre in den diözesanen Räten den größten Teil der »heißen Eisen« abgearbeitet. Ihr Mitwirken war also nicht umsonst. Jetzt bin ich an diesem wichtigen Kreuzungspunkt vieler Fragen zur Zukunft der Seelsorge in den Gemeinden an Ihrer Meinungsbildung interessiert. Mag der Bischof dafür auch die letzte Verantwortung tragen, so können wir diesen neuen Wegabschnitt nur erfolgreich bestehen, wenn Sie ratend und zustimmend mitgehen und darum auch Mitverantwortung übernehmen ...

Ich bitte Sie sehr herzlich um Ihr Mitdenken und danke Ihnen schon jetzt für Ihre Bereitschaft. Gott schenke uns Mut, entschieden und gelassen in die Zukunft des Glaubens und der Seelsorge zu blicken und in diese Zukunft auch mit Geist und Kraft hineinzugehen.

21 | EINHEIT IN DER VIELFALT

»Bemüht Euch, die Einheit des Geistes zu wahren ...« Brief an die Gemeinden zur Stärkung ihrer lebendigen Mitte

Hirtenbrief zur österlichen Busszeit 1992

Es ist gut, dass es in unseren Gemeinden eine größere Vielfalt von Meinungen und Gruppierungen gibt. Was ein Gewinn ist, kann jedoch bei falschem Gebrauch gleichsam über Nacht auch schädlich wirken. Manchmal laufen Einzelne und Gruppen nämlich nur noch ihren eigenen Wünschen und Interessen nach. Die Mitte der Gemeinde, die alles trägt, wird von den stärker werdenden Randerscheinungen her schwächer. Es wird schwerer, eine solche Gemeinde zusammenzuhalten und zu leiten ...

I. Neue Möglichkeiten und Freiheiten in unserer Gesellschaft

Das Zusammenleben der Menschen in unseren Gesellschaften ist durch die Freiheit geprägt. Dabei geht es gewiss in erster Linie um die Freiheit der Meinungsäußerung, des Glaubens und des Gewissens, schließlich der politischen Betätigung. Wir spüren, wie unaufhaltsam der Drang in vielen Völkern nach dieser Freiheit ist. Diese große Freiheit in unserer Verfassung gibt uns nun auch viele kleine Freiheiten in der Gestaltung unseres Lebens. Dies gilt nicht nur für den persönlichen Bereich, besonders auch für Ehe und Familie, sondern bestimmt auch das Gesicht der Welt, in der wir leben. Wir sind ein großes Warenhaus mit vielen Auswahlmöglichkeiten auf allen Ebenen des Lebens. Ja, Leben heißt für sehr viele: ungehindert durch andere nach dem eigenen

Geschmack alles auswählen und einrichten zu können. Wir werden rasch unangenehm, wenn wir in dieser Freiheit beschnitten werden und uns einordnen sollen. Diese Mentalität schlägt sich nieder in unserer Lebensart. Man verlässt möglichst bald das Elternhaus, um für sich oder mit anderen seine Freiheiten zu haben. Man gibt das gemeinsame Leben in der Ehe auf, wenn man seine ureigenen Interessen nicht mehr verwirklichen kann. Man bindet sich auch nicht mehr gerne länger an denselben Verein, höchstens für eine bestimmte Aufgabe innerhalb einer begrenzten Zeit. Wenn die Kirchen nicht mehr das bieten, was man selbst verlangt, oder gar Dinge verkünden, die quer zum eigenen Leben stehen, wählt man den Kirchenaustritt.

Diese Freiheiten möchte ich nicht in Verruf bringen. Es ist ein langer Weg, auf dem die Menschen dafür gekämpft haben. Viele haben das Gefühl, dass sie durch diese zahlreichen Angebote unseres Lebens und durch die Möglichkeit einer Auswahl aus einem großen Angebot vielen Abhängigkeiten und Beschränkungen entkommen und darum auch in der konkreten Gestaltung ihres täglichen Lebens freier geworden sind. Wenn man das Leben dadurch reicher und fruchtbarer einrichten kann, einzeln und gemeinsam, dann ist diese »Individualisierung«, wie man es heute nennt, ein Gewinn. Man darf darum den Erwerb und den Gebrauch vieler Freiheiten nicht von vornherein madig machen.

Aber man muss natürlich die Augen aufmachen. Nicht wenige erreichen gar nicht die verantwortliche Freiheit. Sie fallen oft in ein Loch, weil sie in dem Taumel neuer Möglichkeiten vieles verlieren, was ihnen bisher Boden unter ihre Füße und Halt im Leben gegeben hat. Es ist schwer, mit dem beschleunigten Tempo des Lebens Schritt halten zu können. Lebensformen wie soziale Klassen, Familien, die Rolle der Geschlechter, Religion, ja vor allem längere Bindungen werden brüchig. Manches mag zuerst wie eine Befreiung aus vorgegebenen Rollen anmuten, aber die moderne Gesellschaft bringt für den Einzelnen auch neue Anforderungen, Kontrollen und Zwänge. Unser Leben ist vom TÜV bis zur Steuererklärung und zu den Bestimmungen der Müllsortierung dicht geregelt. Das neue Leben ist risikoreich geworden. Rasch ist der falsche Beruf oder der falsche Partner gewählt. Wir wissen, dass unsere Sicherheiten auch in der Arbeitswelt auf einem dünner gewordenen Boden stehen. Unsere Fassaden von Wohlstand, Konsum und Glanz täuschen oft darüber hinweg, wie rasch man bei diesem Drahtseilakt unseres Lebens abstürzen kann. Viele Menschen erleben dies heute nicht nur bei uns, sondern erfahren diese Enttäuschung in den Ländern Mittel- und Osteuropas, wenn sie sich westlichen Lebensformen zu rasch und unbedenklich öffnen.

Wegen des Missbrauchs müssen wir gewiss unsere heutige Lebenswelt nicht einfach grundlegend ändern. Es ist auch manches Gute neu gewachsen im Verhältnis der Menschen zueinander. Vieles hat die bisherige äußere Gestalt verloren, aber es gibt durchaus neue Formen zum Beispiel von Bindung und Solidarität. Aber wir dürfen uns auch nicht darüber hinwegtäuschen, dass unsere geliebten Freiheiten sehr riskant sind. Dies gilt nicht nur für den Einzelnen, sondern auch für unser Zusammenleben überhaupt. In vielen Ländern der Erde werden mangelnder Gemeinsinn, Fehlen von Verantwortung für das Gemeinwohl und geringere Gemeinsamkeit in den ethischen Grundüberzeugungen beklagt. Alles kommt darauf an, dass man diesen Gefährdungen ins Auge sieht und sich damit so auseinander setzt, dass man die oft verborgenen Bedrohungen überstehen kann. Wer nur von einer Freiheit zur anderen taumelt, erlebt jedoch irgendwann eine Bruchlandung oder gar einen Absturz. Wo die Risiken größer geworden sind, sollte auch die Verantwortung wachsen.

II. Spiegelungen der gesellschaftlichen Entwicklung in der Kirche

In einer solchen Welt lebt die Kirche. Sie kann sich diese nicht aussuchen, sondern muss sich mit ihr auseinander setzen. Dabei darf sich die Kirche wegen der Kritik an bestimmten Entwicklungen nicht einfach zu einer religiösen Gegenwelt aufschaukeln, sondern muss den Menschen helfen, in ihrer Situation die inneren und äußeren Gefährdungen zu meistern. In der Tat erfüllt die Kirche hier die uralte Aufgabe, mitten im Wandel einen Ort für Gott in unserer Gegenwart offen zu halten, der vielen Menschen, zumal in Gemeinschaft, einen Rückhalt und so etwas wie Heimat geben kann.

Die Kirche lebt natürlich nicht in einem Getto. Sie wird mehr oder weniger bewusst von den gesellschaftlichen Wandlungen mitgeprägt, auch wenn sie sich mit vielen Tendenzen auseinander setzt und sich ihnen sogar entgegenstellt.

Darum gibt es in der Kirche heute auch Spiegelungen des gesellschaftlichen Prozesses, der dem Einzelnen einen großen Vorsprung verschafft. Es gibt in vielen Gemeinden heute ein größeres Spektrum von Positionen und Gruppierungen als bisher. Dabei darf man sich die Kirche früher nicht zu gleichförmig vorstellen. Kirche war immer schon eine einzigartige Versammlung von Menschen sehr verschiedener Herkunft, was Klasse und Rasse, Sprache und Kultur, Bildung und Nation betrifft. Ja, die Kirche ist gerade dadurch zu bestimmen, dass sie zwar solche Unterschiede im Auge behält, sie jedoch durch Gottes Ruf zur Einheit des Volkes Gottes und der Menschheit übersteigt. Darum haben Arme und Reiche, Weiße und Schwarze, Einheimische und Ausländer in der Kirche einen ebenbürtigen Platz. Ähnliches gilt auch für die verschiedenen geistigen Beheimatungen und kulturellen Lebenswelten, aus denen die einzelnen Mitglieder kommen. Kirchengeschichtliche Forschungen zeigen, dass auch in früheren Zeiten eine große Vielfalt von Mentalitäten in der Kirche Raum fand. Man kann ein Jesuswort abwandeln und sagen, dass es im Haus der Kirche viele Wohnungen gibt.

Diese Offenheit ist auch wichtig für die Kirche von heute. Sie muss versuchen, den individuellen Verschiedenheiten der Menschen Rechnung zu tragen und gesprächsbereit zu bleiben für alle geistigen und gesellschaftlichen Richtungen. Es gibt viele Anknüpfungspunkte zum Gespräch über Gott und die Welt, den Glauben und die Kirche. Die Menschen orientieren sich heute auch sehr oft an einer Gemeinde, die ihnen in diesem Sinne zusagt, obgleich sie von ihrem Wohnort her einer anderen Pfarrgemeinde angehören.

Es gibt heute freilich in nicht wenigen Gemeinden auch Entwicklungen, die über diese Situation hinausschießen. Man hat nicht selten das Gefühl, manche möchten in der Kirche nur eine Bestätigung, einen Widerhall oder eine Verstärkung ihrer individuellen Interessen erhalten. Viele einzelne und auch entsprechende Gruppierungen wählen aus dem Gesamtspektrum des Glaubens einige Passagen aus und verbinden diese mit ihren Vorlieben. Dadurch kommt es nicht selten zu einer Verstärkung von Bewegungen in der Kirche, denen einzelne Anliegen besonders am Herzen liegen, sei es die lateinische Messe in der Gestalt bis zum Konzil, sei es das Problem des Ausschlusses der Frau vom Priestertum. Manchmal gibt es aber auch in den Vereinen, Verbänden, Räten und sogar den geistlichen Bewegungen sowie den Ordensgemeinschaften innerhalb der Kirche solche Übersteigerungen einzelner Themen, als ob alles schlechthin davon abhinge. Man gerät dann leicht in die Gefahr, die Kirche danach einzustufen, wieweit sie die eigenen Interessen sich zu Eigen macht. Wenn Auseinandersetzungen gar politisch oder parteipolitisch werden, gibt es eine Inanspruchnahme des Glaubens, der in Wirklichkeit nicht an bestimmte Lösungsmodelle gebunden werden darf.

Nach meiner Erfahrung haben in der letzten Zeit in manchen Gemeinden solche Tendenzen zur Verabsolutierung einzelner Probleme zugenommen. Die einzelnen Vorlieben nehmen wenig Rücksicht auf das Ganze. Sie gebärden sich manchmal wie Interessensgruppen, die ihren Druck ausüben. Druck erzeugt fast immer Gegendruck. So werden die Konflikte, Streitfälle und Polarisierungen schwieriger und härter. Es ist kein Wunder, dass es dann zwischen verschiedenen Tendenzen und Bewegungen viel Unversöhnliches gibt, wenn das Evangelium von der Versöhnung nicht den eindeutigen ersten Rang einnimmt. Im Spiegelbild der öffentlichen Meinung sieht es manchmal so aus, als ob die Kirche nur aus Randgruppen, seltsamen Richtungen, Krisenerscheinungen und Reizthemen bestehe. In Wirklichkeit ist dies nicht so, aber der Eindruck lässt sich für den Außenstehenden und für viele Medien gewiss nicht leicht vermeiden.

Die Kirche muss mit diesen vielen Einzelnen, die heute nicht nur ihre eigene Lebensgeschichte, sondern oft auch ihre selbst gebastelte Sinnbestimmung des Lebens mitbringen, in einem geduldigen Gespräch bleiben. Sie muss damit rechnen, dass es auch in Zukunft eine solche Vielfalt der Lebensentwürfe und der Positionen in der Kirche gibt. Es gibt dafür auch vielfältige Angebote unter den heutigen Aktivitäten der kirchlichen Bildungseinrichtungen. Aber dies allein wird nicht ausreichen. Es ist auch notwendig, die Kirche selbst in ihrer tragenden Mitte zu stärken. Auch wenn die Kirche sehr offen bleibt, ist sie kein Markt beliebiger Möglichkeiten. Sie ist auch kein Tummelplatz für Tendenzen und Bewegungen, die weitgehend nur ihre eigenen Interessen kennen.

III. Wie kann man die lebendige Mitte der Gemeinde stärken?

Manchmal haben Betrachter von außen den Eindruck, durch den Vorrang solcher relativ beliebiger Einzeltendenzen würde sich die Kirche in Sekten auflösen. Nun hat die Kirche ein sehr reiches, vielschichtiges Leben, das sich keineswegs in der Feststellung auffälliger Tendenzen erschöpft. Aber ganz gewiss bedarf die tragende Mitte der Gemeinde einer Stärkung und Ermutigung. Denn von ihr aus wird alles, was in der Gemeinde geschieht, zusammengehalten und freilich auch auf seinen begrenzten Platz verwiesen. Manches, was sich etwas aufbläht, ist im Ganzen gar nicht so gewichtig. Wie soll nun diese Stärkung der lebendigen Mitte geschehen?

1. Wir dürfen nie vergessen, dass nicht wir Menschen die Kirche bauen, sondern dass Gott selbst die vielen Menschen mit ihren recht unterschiedlichen Einstellungen und Talenten zu einer neuen Gemeinschaft ruft. Sie ist darum nicht selbstverständlich. Sie ist durch Gottes Versöhnung mit der Gabe der Einheit ausgezeichnet. Aber diese Einheit ist uns Menschen auch so anvertraut, dass wir sie missbrauchen und gar verspielen können. Darum mahnt uns der Epheserbrief: »Seid demütig, friedfertig und geduldig, ertragt einander in Liebe und bemüht euch, die Einheit des Geistes zu wahren durch den Frieden, der euch zusammenhält« (Eph 4,2f). Es ist die Einheit des Geistes: Er

schafft diese Einheit, die wahre Gemeinsamkeit im Glauben hervorbringt, ohne die jeweiligen Begabungen Einzelner an die Wand zu drücken. Es ist das Wunder des Geistes, dem man sich freilich öffnen muss, dass er das Wunder einer solchen Einheit in Vielfalt bewirkt. Wenn man darum weiß, wird man kirchliche Einheit bei aller notwendigen Auseinandersetzung und Klärung auch nicht leichtfertig oder mutwillig in Frage stellen. Der Epheserbrief setzt freilich voraus, dass man sich darum wirklich mühen muss und dass dieses zur Berufung eines jeden Christen gehört.

2. Der Epheserbrief selbst ruft zu dieser Gemeinsamkeit auf, indem er die Wege sichtbar macht, wodurch diese geistgewirkte Einheit bewahrt wird: »Ein Leib und ein Geist, wie euch durch eure Berufung auch eine gemeinsame Hoffnung gegeben ist; ein Herr, ein Glaube, eine Taufe, ein Gott und Vater aller, der über allem und durch alle und in allem ist« (Eph 4,4ff). Dies ist eine siebenfache Unterstützung des Bemühens um die Einheit. Und nur mit dieser Einstellung, die am Ende ganz der Überzeugung ist, dass Gott »über allem« steht, gibt es wahre Gemeinschaft im Glauben. Ohne Mühe darum sind die menschlichen Unterschiede und unsere Probleme gewichtiger und können uns leicht überrollen.

3. Kirche lebt schon nach der frühen Überzeugung der Christen von zwei Tischen, dem Tisch des Wortes Gottes und dem Tisch des eucharistischen Mahls, auf dem wir die versöhnende Lebenshingabe Jesu Christi für alle feiern. Wenn wir nicht immer wieder Nahrung erhalten aus diesen beiden Quellen, stirbt eine Gemeinde in ihren wirklichen Lebenskräften ab, auch wenn noch manches in ihr los sein mag. Die fast dramatische Verringerung des Besuches der Sonntagsmesse in den letzten Jahrzehnten mit dem Hören auf das Wort des Lebens und der gemeinsamen Feier von Tod und Auferstehung Jesu Christi trifft die Kirche mehr, als wir bisher vermutet haben. Wer sich dauernd oder immer wieder diesem Auftrag des Herrn »Tut dies zu meinem Gedächtnis« entzieht, nimmt sich nicht nur eine wichtige Quelle für das

tägliche Leben, sondern er schwächt auch die Gemeinde selbst. Es ist durch viele Umfragen im Übrigen erwiesen, dass die Teilnahme am gemeindlichen Sonntagsgottesdienst einen feinen Gradmesser für die sonstige Teilnahme am kirchlichen Leben darstellt. Vielleicht will dies nicht jeder gerne hören, aber es gehört zu den Binsenweisheiten des praktischen Glaubenslebens.

4. In der Mitte der Gemeinde stehen ein Glaube und eine gemeinsame Hoffnung (vgl. Eph 4,4). Dabei geht es auch um den Glauben der Kirche in der Heiligen Schrift, im Credo und in der großen Überlieferung. Er überragt alle menschlichen Spaltungen und Spannungen. Wenn wir in Gottes Namen und auf diesen Glauben hin versammelt sind, können wir auch Unterschiede in anderen Feldern unseres Lebens besser ertragen. Wir nehmen dann allerdings auch Rücksicht auf das, was andere denken.

5. In der Kirche gibt es für die Gestaltung des Gottesdienstes und die Lebensführung Ordnungen, die gewiss geschichtlichen Wandlungen unterliegen, aber im Kern auch deswegen verbindlich sind, weil sie eng mit der Einheit der Kirche und dem Glauben zu tun haben. Auf diese Spielregeln und Lebensordnungen muss man sich als Mitglied der Kirche einlassen. Andere erwarten mit Recht, dass sich alle daran halten. Damit sind der Willkür in der Gestaltung gottesdienstlicher Feiern und in der Anwendung des kirchlichen Rechts und des geltenden Ethos Grenzen gesetzt. Innerhalb dieser Grundregeln des kirchlichen Lebens gibt es noch genug Raum für schöpferische Gestaltung und auch für verantwortliche Experimente. Wer stets diese fundamentale Gemeinsamkeit verletzt und andere zum Beispiel durch eine beliebige Wahl aller möglichen Texte belästigt, treibt langsam die Menschen aus der Kirche und schwächt die lebendige Mitte der Kirche. Es ist dies nicht nur eine Sache von Ordnungsfanatikern!

6. Die Kirche kann nicht schweigen, wenn es im öffentlichen Raum um die Gestaltung gesellschaftlicher Ordnungsprobleme und erst

recht um die Wahrung der Menschenrechte geht. Sie lebt nicht nur in der Sakristei und in zurückgezogenen Nischen. Aber gerade in den Gestaltungsfragen sind Christen zwar oft einig über das zu erreichende Ziel, zum Beispiel größere Solidarität und Gerechtigkeit, sie können aber legitimerweise bei gleicher Gewissenhaftigkeit in derselben Frage zu einer verschiedenen Auffassung über die Wahl der Wege und Mittel zum Ziel kommen. In solchen Fällen darf niemand die Autorität der Kirche ausschließlich für sich und seine eigene Meinung in Anspruch nehmen (vgl. Zweites Vatikanisches Konzil, Pastoralkonstitution über die Kirche in der Welt von heute, »Gaudium et spes«, Art. 43). Dies müssen sich alle fragen – nicht nur das kirchliche Amt, dem hier auch Grenzen gesetzt werden –, wenn sie sich aus dem Raum der Kirche heraus zu sozialen und politischen Gestaltungsfragen äußern. Hier gibt es leider immer wieder einseitige Erklärungen, die sich einen falschen Mantel von Autorität umhängen. Man muss immer wieder lernen, dass es trotz der Einheit im Glauben rechtmäßig in diesem Bereich verschiedene Auffassungen im Raum der Kirche geben kann. Wer diese Toleranz in der Kirche nicht beachtet, schwächt die lebendige Mitte der Gemeinde und schafft durch Polarisierungen Ärgernisse am falschen Platz.

Das Leben lässt sich nicht in einigen Vorgaben dieser Art erschöpfend beschreiben. Aber es gibt Richtpunkte, die zur Grundorientierung gehören. Weil ich mit den übrigen Verantwortlichen im Bistum oft solche Beobachtungen mache und täglich manche Verwicklungen dieser Art zu lösen versuche, war es mir auch eine Gewissenspflicht, auf diese Sorgen, die gewiss nicht überall in derselben Weise ausgeprägt sind, aufmerksam zu machen. Wir können nicht eine fruchtbare pastorale Planung, »damit Gemeinde lebt«, erwarten, wenn elementare Voraussetzungen für das Miteinander im Gemeindeleben nicht beachtet werden.

Ich bin dankbar, wenn in den Gemeinden und Verbänden, in den geistlichen Gemeinschaften und bei der Vermittlung des Glaubens in den Bildungseinrichtungen darüber gesprochen wird. Das Reden miteinander kann schon den Anfang eines neuen Miteinanders mit sich bringen.

BIBELSTELLENREGISTER

PERSONEN- UND SACHREGISTER

ZUR PERSON: KARL KARDINAL LEHMANN

Karl Lehmann, geboren 1936 in Sigmaringen, ist seit 1983 Bischof von Mainz (Wahlspruch: *State in fide*, »Steht fest im Glauben«, 1 Kor 16,13), seit 1987 wiederholt zum Vorsitzenden der Deutschen Bischofskonferenz gewählt, 2001 von Papst Johannes Paul II. zum Kardinal erhoben.

Der promovierte Philosoph und Theologe ist Honorar-Professor für Dogmatik und Ökumenische Theologie der Universitäten Mainz und Freiburg. Mehrere Ehrendoktorate.

Karl Lehmann ist Träger des Großen Bundesverdienstkreuzes mit Stern und Schulterband (2000) und Ehrenbürger der rheinland-pfälzischen Landeshauptstadt Mainz (2001).

Zahlreiche Veröffentlichungen und Herausgeberschaften (seit 1972 »Internationale Katholische Zeitschrift Communio«, seit 1994 Erik Peterson, seit 1995 Karl Rahner, Sämtliche Werke).

Biographische Daten:
www.kath.de/bistum/mainz/bischof/lehmann.htm

Bibliographie:
www.uni-freiburg.de/theologie/forsch/lehmann/lehmann1.htm